• Guias Ágora •

Os Guias Ágora são livros dirigidos ao
público em geral,
sobre temas atuais, que envolvem
problemas emocionais e psicológicos.
Cada um deles foi escrito por
um especialista no assunto,
em estilo claro e direto,
com o objetivo de oferecer conselhos e
orientação às pessoas que
enfrentam problemas específicos,
e também a seus familiares.

Os Guias descrevem as características gerais
do distúrbio, os sintomas, e,
por meio de exemplos de casos,
oferecem sugestões práticas que ajudam
o leitor a lidar com suas dificuldades
e a procurar ajuda profissional adequada.

Dados Internacionais de Catalogação na Publicação (**CIP**)
(Câmara Brasileira do Livro, SP, Brasil)

Buckroyd, Julia
   Anorexia e bulimia : esclarecendo suas dúvidas / Julia Buckroyd ; [tradução ZLF Assessoria Editorial]. — São Paulo : Ágora, 2000. — (Guias Ágora).

Título original: Anorexia and Bulimia.
Bibliografia.
ISBN 85-7183-710-4

1. Anorexia – Obras de divulgação 2. Bulimia – Obras de divulgação I. Título. II. Série.

99-5468
CDD-616.8526
NLM-WM 172

Índices para catálogo sistemático:

1. Anorexia e bulimia : Transtornos de alimentação : Medicina
   616.8526
2. Bulimia e anorexia : Transtornos de alimentação : Medicina
   616.8526

Compre em lugar de fotocopiar.
Cada real que você dá por um livro recompensa seus autores
e os convida a produzir mais sobre o tema;
incentiva seus editores a encomendar, traduzir e publicar
outras obras sobre o assunto;
e paga aos livreiros por estocar e levar até você livros
para a sua informação e o seu entretenimento.
Cada real que você dá pela fotocópia não autorizada de um livro
financia o crime
e ajuda a matar a produção intelectual de seu país.

Anorexia e Bulimia

Esclarecendo suas dúvidas

Julia Buckroyd

ÁGORA

Do original em língua inglesa
Anorexia & Bulimia
Copyright © 1996 by Julia Buckroyd
Primeiramente publicado na Grã-Bretanha, em 1996,
por Element Books Limited, Shaftesbury, Dorset.

Tradução:
ZLF Assessoria Editorial

Capa:
   Ilustração: Max Fairbrother
   Finalização: Neide Siqueira

Editoração eletrônica e fotolitos:
JOIN Bureau de Editoração

Proibida a reprodução total ou parcial
deste livro, por qualquer meio e sistema,
sem o prévio consentimento da Editora.

Nota da Editora:
As informações contidas nos Guias Ágora
não têm a intenção de substituir
a orientação profissional qualificada.
   As pessoas afetadas pelos problemas
aqui tratados devem procurar médicos,
psiquiatras ou psicólogos especializados.

Todos os direitos reservados pela
   Editora Ágora Ltda.
   Rua Itapicuru, 613 – cj. 82
   05006-000 – São Paulo, SP
   Telefone: (11) 3871-4569
   http://www.editoraagora.com.br
   e-mail: agora@editoraagora.com.br

Sumário

Prefácio 9
Introdução 11

PARTE I: ANOREXIA E BULIMIA

1 O que é anorexia? 17
2 O que é bulimia? 37

PARTE II: AS CAUSAS

3 Anorexia e bulimia como maneiras de enfrentar a vida 53
4 Pressões culturais e sociais 71

PARTE III: COMO OBTER AJUDA

5 Estratégias de auto-ajuda 87
6 Ajuda profissional 119

Leituras complementares 129
Índice remissivo 135

Para Karin

Prefácio

Este livro deve muito a minhas pacientes, anoréxicas e bulímicas, com as quais aprendi quase tudo o que sei. Gostaria de agradecer-lhes por terem me permitido entrar em seus mundos privados e chegar a entender, junto com elas, os significados e propósitos da maneira como usam a comida.

Agradeço também aos colegas com quem compartilhei meus pensamentos em conferências, seminários e discussões informais e que me estimularam a continuar refletindo e explorando.

Meus alunos nos cursos da Universidade de Hertfordshire, na Inglaterra, me ofereceram a oportunidade de elaborar teorias e idéias e me ajudaram a tornar meus pensamentos mais claros. Gostaria particularmente de agradecer a Sheila O'Donnel por ter me permitido usar seu conceito de "Planeta Anorexia".

Sou igualmente agradecida a Wendy Dobbs, com quem trabalhei na Vector e com quem desenvolvi algumas das estratégias de "auto-ajuda".

Agradeço em particular a Karin Thulin, cujo interesse por doenças psicossomáticas muitas vezes enriqueceu meu trabalho sobre os transtornos alimentares e tem sido uma constante fonte de apoio e estímulo, tanto pessoal como profissional.

Em todo o livro usei "ela" para me referir à pessoa que sofre de um transtorno alimentar porque "ele ou ela" é muito desajeitado. No entanto, também existem homens que são anoréxicos ou bulímicos; espero que eles possam se identificar nos pronomes do gênero oposto.

Não estou muito feliz com a utilização das palavras "anoréxico" e "bulímico" como substantivos; não é nada agradável ser definido por um problema psicológico. Receio, porém, não ter sido capaz de evitar isso completamente. Em minha defesa, só posso dizer que em todos esses anos minha preocupação maior tem sido a de convencer a pessoa que tem um transtorno alimentar de que ela é muito mais do que sua doença.

Introdução

Este livro foi escrito originalmente como um guia para pessoas que sofrem de anorexia ou bulimia e para seus familiares e amigos. Também pode ser útil para dar uma visão geral sobre o problema a alguns profissionais da saúde.

Em anos recentes, esses problemas têm recebido enorme publicidade e, assim, a maioria de nós sabe pelo menos que eles existem e que os anoréxicos se matam de fome e que os bulímicos comem demais e vomitam. Muitas pessoas sabem pouco mais do que isso. Com certeza, não é amplamente entendido que a anorexia e a bulimia não têm a ver apenas com o uso da comida, mas fazem parte de um sistema emocional que afeta todos os aspectos da vida.

Este livro começa com uma descrição do comportamento de uma pessoa anoréxica e de uma pessoa bulímica e dos efeitos psicológicos e físicos gerados. Presume-se que as pessoas que sofrem desses transtornos são capazes de abandoná-los caso se esforcem um pouco; portanto, tento mostrar aqui como podem ser fortes o domínio da anorexia e da bulimia e a compulsão à ânsia de se matar de fome ou de comer em demasia e vomitar.

Mesmo os relatórios extensivos sobre a anorexia na mídia geralmente falham em fornecer algum entendimento de *por que* uma pessoa tem necessidade de se comportar de maneira tão estranha e autodestrutiva. Contudo, muito tem sido escrito sobre o problema, especialmente nos últimos quinze anos.

Na Segunda Parte deste livro, apresento um resumo das duas correntes principais de pensamento sobre a questão. Atualmente, a maioria dos pesquisadores concorda em que a anorexia e a bulimia têm alguma coisa a ver tanto com a história individual da pessoa e seu ambiente familiar quanto com as pressões culturais e sociais às quais as mulheres nos países industriais do Ocidente estão sujeitas. Anorexia e bulimia, portanto, têm um sentido e um propósito na vida do indivíduo, e esse sentido é reforçado por influências culturais mais amplas.

Pode parecer estranho pensar na anorexia e na bulimia como portadoras de um sentido e um propósito; existem alguns clínicos que as consideram apenas maus hábitos que os pacientes devem ser forçados a abandonar. No entanto, o fato de esses problemas afetarem sobretudo mulheres, em um cenário cultural bastante específico, sugere fortemente que têm alguma ligação com o modo como as mulheres vêem a si mesmas e que consistem em respostas a um determinado conjunto de circunstâncias. É extremamente preocupante que esses problemas sejam tão comuns, mas do meu ponto de vista isso reflete a tão disseminada angústia das mulheres sobre a maneira como são forçadas a viver. As respostas a longo prazo estão nas mudanças sociais mais profundas; e as de curto prazo devem incluir uma solução para a angústia do indivíduo.

A questão da cura é complexa. Na Terceira Parte deste livro apresento alguns caminhos para que as vítimas possam ajudar a si mesmas e descrevo os diferentes tipos de tratamentos disponíveis com profissionais. Gradualmente, um consenso está emergindo entre os clínicos de que a melhora tem de acontecer em várias frentes simultâneas. A paciente deve encontrar seu caminho de volta a um padrão alimentar normal e, para conseguir isso, precisará de muita ajuda prática e apoio. Também é necessário que comece a desfazer o hábito de pensar sobre comida e sobre tamanho, peso e silhueta que a mantem prisioneira. Em terceiro lugar, deve começar a entender por que *precisou* de sua doença e que função ela desempenha em sua vida. Esses três aspectos da recuperação — comportamental, cognitivo e terapêutico —, todos precisam ser tratados para a vítima não apenas se recuperar de seu problema alimentar mas também se desenvolver como pessoa até um ponto em que já não precisará mais dele.

Nos últimos vinte anos, os programas de tratamento têm focalizado um desses aspectos, excluindo os outros. As anoréxicas e as bulímicas não raro se queixam de que a resposta que encontram quase sempre é comportamental: os médicos e as pessoas em volta ficam desesperados para mudar o comportamento alimentar, mas parecem mostrar pouco entendimento de sua natureza e propósito. Esse foco único está começando a mudar. Como as páginas seguintes mostrarão, qualquer pessoa que procure ajuda, ou queira se auto-ajudar ou ajudar outra pessoa, deve ter em mente a necessidade de atender a esses três aspectos.

Ao longo desses anos em que venho trabalhando com pessoas que sofrem de transtornos alimentares, encontrei freqüentemente desespero tanto nas vítimas como em suas famílias, gerado pela dúvida quanto à possibilidade de conseguir ajuda e se é possível se curar de anorexia e bulimia. Por baixo dessas questões, escuto um grito de agonia: a pessoa doente pode realmente encontrar uma maneira mais satisfatória de viver? Espero que este livro possa contribuir para o entendimento e a recuperação, e que ajude as vítimas e aqueles que as amam a embarcarem juntos num processo de mudança e crescimento.

PARTE I

Anorexia e bulimia

CAPÍTULO 1

O que é anorexia?

Todo mundo em minha classe estava fazendo dieta, então eu também fiz. Só que todo mundo parou e eu não. Para começar, eu estava contente. Sentia-me orgulhosa de ter mais força de vontade que as outras, mas no final foi terrível porque eu não conseguia parar de fazer dieta. Todo mundo perdeu alguns quilos para entrar em vestidos um número menor, porém eu continuei e continuei. No final, eu tinha medo de comer qualquer coisa. Em uma parte de minha cabeça eu sabia que tinha que comer e que precisava comer, mas em outra eu pensava que estava gorda e que, se comesse alguma coisa, ficaria ainda mais gorda. Isso aconteceu quando eu já pesava menos que 38 quilos.

O que é anorexia? Como você sabe que está sofrendo disso? O que ela faz com você? Neste capítulo, tentarei definir a anorexia e descrever como ela afeta não apenas o comportamento alimentar e o peso, mas também outras partes da vida.

A DESCRIÇÃO CLÍNICA

A anorexia é conhecida e diagnosticada pelos médicos há pelo menos trezentos anos. A característica inicialmente mais descrita era a impressionante perda de peso e a emaciação resultante da recusa em comer. Existem, no entanto, várias doenças orgânicas que provocam perda de apetite e conseqüente perda de peso. Assim, desde o final do século XIX, os médicos tentaram descrever com mais exatidão o que era a anorexia e começaram a excluir causas orgânicas e a identificá-la como uma doença psicológica.

O processo de definição continua até os dias de hoje, com tentativas contínuas de esclarecer se existe algum mau funcionamento orgânico que possa contribuir para o desenvolvimento da doença. A esta altura, porém, a evidência esmagadora parece indicar que a anorexia é, nas palavras dos médicos, um "transtorno psiquiátrico" sem nenhuma causa orgânica, metabólica ou genética.

Essas são palavras que amedrontam — "transtorno psiquiátrico" —, mas talvez possamos torná-las menos intimidantes ao considerar com mais detalhes o que significam no caso da anorexia.

A definição de anorexia mais amplamente utilizada nos anos recentes foi desenvolvida pela American Psychiatric Association e publicada em 1987:

Critérios de diagnóstico para a anorexia nervosa

1. Recusa em manter o peso do corpo no mínimo normal para a idade e a altura; por exemplo, perda que leva a manter o peso do corpo 15% mais baixo do que o esperado; ou insucesso em ter o aumento de peso esperado durante o período de crescimento, levando a um peso de corpo 15% abaixo do esperado.
2. Medo intenso de ganhar peso ou engordar, mesmo quando abaixo do peso normal.
3. Perturbação da imagem do corpo; por exemplo, a pessoa se queixa de se "sentir gorda" mesmo quando está emaciada, ou acredita que uma área de seu corpo está "gorda demais" mesmo quando se encontra obviamente abaixo do peso.
4. Nas mulheres, ausência de pelo menos três ciclos menstruais consecutivos.

(DSM-III-R, American Psychiatric Association, 1987)

A esse perfil básico pode ser acrescentada uma série de outras características que podem acompanhar o quadro geral da anorexia:

- perda de cabelo
- crescimento de lanugem — pêlo fino que cresce por todo o corpo, inclusive na face
- temperatura do corpo baixa e diminuição do ritmo cardíaco
- baixa pressão sangüínea
- sensação de frio
- circulação ruim
- pele ressecada
- unhas quebradiças
- insônia
- exercícios excessivos com o objetivo de perder peso
- foco obsessivo em comida e calorias
- solidão, isolamento social, comportamento arredio
- perda da habilidade de se concentrar em qualquer coisa
- baixa auto-estima
- ódio por si mesma

ANOREXIA SUBCLÍNICA

As descrições clínicas dadas acima foram estabelecidas por médicos que trabalham com anoréxicas que estão doentes o suficiente para serem enviadas a um hospital. Foram estabelecidas a pedido de companhias americanas de seguro médico que queriam uma definição estrita da doença pela qual estavam pagando, e têm sido amplamente usadas por médicos que apreciam diagnósticos claros e sem equívocos.

Esses critérios, no entanto, descrevem apenas os estágios mais avançados da doença. E quanto àqueles inúmeros indivíduos cujos sintomas não são tão sérios quanto os fornecidos acima? São anoréxicos ou não? E aquela garota que perdeu 6,5 quilos nos últimos seis meses, encontra justificativas para não comer com sua família, anuncia que se tornou vegetariana e se recusa a ingerir "gordura" sob qualquer forma? Ela é anoréxica? E aquela garota que tem perdido peso gradualmente no último ano, não quer sair para encontrar as amigas porque diz se sentir gorda demais e feia e tem ciclos menstruais regulares mais curtos? Ela é anoréxica? E aquela garota de quinze anos que tem 1,70 metro e usa tamanho 38, cujo ciclo menstrual ainda não começou e que tira a gordura da carne, não passa manteiga no pão, diz que está "muito gorda" e se pesa várias vezes por dia? Ela é anoréxica?

Acredito que muitas jovens sofrem de anorexia em grau leve e nunca vão a um médico, ou já estão sofrendo de anorexia há um longo tempo antes de ir. Elas manifestam muitas das características da doença em grau moderado, sofrem muito por causa disso e poderiam se beneficiar de uma ajuda para superar o problema. E, assim como é mais fácil lidar com uma doença física no seu início, também é mais fácil ajudar alguém com anorexia na forma inicial da doença do que quando as obsessões e fobias já se tornaram parte de sua vida.

A INCIDÊNCIA DE ANOREXIA

É extremamente difícil saber quantas pessoas desenvolvem anorexia. É provável que haja uma grande quantidade de casos não relatados, especialmente nas formas mais leves da doença. Uma avaliação conservadora coloca a incidência em cerca de 1% da população feminina entre as idades de quinze e trinta anos, mas estima-se um número mais elevado para grupos particulares, por exemplo, bailarinas. A incidência tem crescido constantemente no mundo desenvolvido a partir da Segunda Guerra Mundial e parece decidida a continuar crescendo. Existem também informes sobre uma incidência crescente em crianças. Estimativas da incidência em homens jovens variam entre um em dez e um em vinte dos casos relatados; entretanto, parece que também com relação aos homens a incidência está aumentando.

Antes se pensava que a anorexia estava restrita à classe média branca, mas pesquisadores dizem atualmente estar encontrando anoréxicas em todas as classes e grupos étnicos. É possível, no entanto, que essa mudança seja apenas o resultado da maior consciência sobre a doença e, conseqüentemente, de maior informação sobre ela.

A estimativa da taxa de mortalidade varia; alguns números sugerem, contudo, que entre 6% e 10% das vítimas morrem em decorrência de anorexia.

PADRÕES ALIMENTARES NA ANOREXIA

Geralmente, a anorexia se desenvolve em um período de tempo durante o qual a pessoa muda seus padrões alimentares do normal (ou algo perto do normal) a uma dieta muito restrita. Esse processo pode demorar meses ou anos. Freqüentemente essa mudança parece ter início com uma jovem resolvendo fazer uma dieta. Não há nada de anormal nisso; o que é diferente para a pessoa que pode desenvolver anorexia é que a dieta não é tão difícil para ela quanto é para a maioria das pessoas. Ela parece gostar da sensação de fome e parece ser capaz de se disciplinar de uma maneira que *é* muito incomum; a maioria das pessoas que faz dieta tem grande dificuldade em mantê-la e, absolutamente, não aprecia o processo. Então, como se tivesse descoberto um talento em si mesma, a pessoa que está desenvolvendo a anorexia continua a fazer dieta mesmo quando já alcançou o peso desejado ou quando já terminou o período previsto. Isso também é pouco usual; a maioria que faz dieta fica aliviada quando a dieta termina e logo retorna aos antigos padrões alimentares.

A anorexia nem sempre começa desse jeito. Algumas vezes ela começa quando se eliminam alimentos considerados "gordos". Por exemplo, uma adolescente pode começar cortando manteiga, óleo ou gordura de qualquer espécie. Outra pode cortar a gordura visível da carne e progredir para a recusa em comer qualquer comida frita, depois em não colocar manteiga ou margarina no pão, evitar biscoitos e bolos porque contêm gordura, recusar-se a comer carne porque é "gordurosa", usar apenas leite desnatado, chegando a uma verdadeira reação de pânico se tiver de comer alimentos preparados por outra pessoa, por temer que contenham gordura.

De maneira típica, esse padrão se estende a outros alimentos, como o açúcar. Com o tempo, a florescente anoréxica pode terminar adotando uma dieta muito pouco nutritiva e saudável. Muitas anoréxicas, por exemplo, tornam-se vegetarianas no caminho do desenvolvimento da anorexia e, embora seja perfeitamente possível fazer uma dieta vegetariana nutritiva e saudável, essas pessoas interpretam o vegetarianismo como a ingestão, principalmente, de frutas e vegetais. As necessidades nutricionais de gordura, proteína e carboidratos não são atendidas.

Outras pessoas vão do corte de comidas específicas da dieta à pouquíssima ingestão de qualquer coisa O pouco do que chegam a comer pode ser muito inadequado em termos nutritivos — por exemplo, uma barra de chocolate e uma xícara de café durante todo o dia. Outras vão se orgulhar de comer apenas o que é puro e saudável, mas tentarão sobreviver tão-somente com maçã e chá.

Algumas pessoas anoréxicas descobrem alguns alimentos que acreditam que não "engordam", como saladas, vegetais, maçãs ou torradas, e se permitirão comer grandes quantidades desses alimentos. Vão considerá-los bons enquanto todo o resto é considerado ruim. Uma anoréxica que está totalmente absorvida por sua dieta alimentar restrita pode ficar excessivamente chateada se lhe exigirem que coma ainda que pequenas quantidades dos alimentos considerados "ruins". Ela se torna alimentofóbica e sente o mesmo terror e pânico diante da perspectiva de comer carne como uma pessoa claustrofóbica sente ao pensar em ir a uma festa em uma sala cheia.

Seja qual for o processo, a pessoa anoréxica chega a um ponto em que o que come é inadequado para manter seu peso normal. Ela simplesmente não absorve calorias suficientes. O que começou como uma restrição se torna progressivamente uma privação completa; não há final ou parada. O que começou como controle fica fora do controle.

Tudo isso é feito com o propósito de ficar menos gorda, embora para os olhos de uma pessoa normal a vítima seja tudo menos gorda. Também é feito ao preço de negar a fome. Para a pessoa que sente a necessidade compulsiva da privação, a fome é uma tentação terrível e não o amigável lembrete do corpo da necessidade de comer. Essa mensagem de seu corpo será tão completa e eficazmente reprimida e transformada que a anoréxica será capaz de dizer — e acreditar — que não está com fome e que não sente fome.

O COMPORTAMENTO ALIMENTAR ANORÉXICO

É impossível sentir tanta ansiedade com relação a engordar e tanto medo de comida quanto uma pessoa anoréxica e ainda ser capaz de continuar a comer normalmente com outras pessoas. As fobias da anorexia são tão difíceis de administrar que a anoréxica aos poucos vai se isolando a fim de poder continuar com seu comportamento anoréxico. Isso não necessariamente acontece de uma só vez nem muito rapidamente.

Amanda tinha o costume de fazer a refeição da noite com seus pais e dois irmãos. Durante alguns meses ela vinha comendo cada vez menos, apesar dos esforços dos pais para encorajá-la a comer mais e dos comentários dos irmãos de que estava ficando magra demais e anoréxica. No começo do novo ano escolar ela disse à mãe que ia fazer as tarefas na casa de uma amiga e só voltaria mais tarde. Às perguntas sobre quando iria comer, ela respondia que comeria na casa da amiga. No final, sua contínua perda de peso fez sua mãe descobrir que por várias semanas Amanda nada comera à noite.

É esse tipo de comportamento que leva a anoréxica a ser rotulada de mentirosa, mas é importante lembrar que o alimento e o ato de comer se tornaram fontes de grande ansiedade. Por que é assim, discutiremos mais tarde.

O que muitas vezes é difícil para a família aceitar é que freqüentemente uma mulher anoréxica deseja preparar comida, embora se recuse a comê-la e insista em que os outros a comam.

Caroline tinha aprendido a fazer doces franceses e passava horas criando essas delícias, confeitadas e recheadas com creme. Gostava de apresentá-las para a família na sobremesa dos domingos, mas recusava-se a dar até mesmo uma mordida, dizendo que estava "cheia" e que havia comido um pouco enquanto os preparava. A infeliz família sentava-se para comer os confeitos sem ser capaz de desfrutá-los, enquanto Caroline ficava olhando e de vez em quando perguntava se estavam gostando.

Existem muitas outras maneiras por meio das quais uma anoréxica tentará esconder sua dieta inadequada dos que, a seu redor, perceberam sua perda de peso e insistem em que coma. Ela pode, por exemplo, pegar a comida, dizendo que irá comê-la mais tarde, e dá-la para outras pessoas ou jogá-la fora. Muitos almoços colocados em marmitas foram para o lixo assim. Às vezes a comida é escondida no guardanapo ou no bolso e depois jogada fora.

Logo fica impossível para a pessoa que está se tornando anoréxica levar uma vida social normal, já que muitas ocasiões sociais giram em torno de comer e beber. Inicialmente uma jovem pode tentar evitar comer e beber, por exemplo indo ao bar e bebendo água mineral, ou saindo para jantar uma pizza e comer apenas uma salada, ou indo até a casa de um amigo e dizer que já comeu. No entanto, esses estágios intermediários tendem a dar passagem para que se coma em segredo e a sós.

> Betsy vivia em uma república estudantil onde podia usar o restaurante comunitário ou cozinhar para si mesma. A maioria dos seus colegas se organizava para comer em grupos, mas Betsy jamais comia no restaurante ou na cozinha comunitária; comia em segredo, sozinha, no seu quarto.

À medida que a doença prossegue, o paciente pode começar a obedecer a rituais muito precisos em relação à comida, por exemplo comendo exatamente as mesmas coisas nas mesmas horas do dia. Se exceder sua ração auto-imposta, pode se punir mais tarde deixando de comer porque foi "gulosa". Se for impossível comer na hora determinada, pode ficar agitada e ansiosa. Pode cortar tudo em pedaços muito pequenos e precisos, ou mastigar cada bocado um determinado número de vezes. Talvez haja um prato especial ou copo que tenha que usar. E se, por alguma razão, essas condições não puderem ser satisfeitas, então ela não comerá nada.

De uma maneira ou de outra, por etapas, a pessoa anoréxica se tornará cada vez mais preocupada com a comida, peso, silhueta e tamanho, e cada vez menos disponível para a vida normal. Tenderá a retirar-se progressivamente da interação social e passar longo tempo consigo mesma. Passará o dia inteiro pensando no quanto comeu, no quanto comerá, como pode diminuir ainda mais o que come, e assim por diante. Essa preocupação com comida não é incomum em alguém que esteja faminto; o que é estranho é que a anoréxica se comporta como alguém faminto quando há comida à vontade ao seu redor. O estresse e o conflito criados por sua necessidade biológica de comer e seu medo psicológico de fazê-lo é que consomem a maior parte de seu tempo e energia.

A ANOREXIA E A COMPULSÃO PARA SE EXERCITAR

Essa restrição de comida e seus efeitos já são ruins o suficiente, contudo a obsessão anoréxica costuma se estender também a outras áreas da vida. Embora os observadores notem a preocupação com comida, isso é apenas parte da preocupação da anoréxica com peso e tamanho. Como acredita que está gorda e quer ficar magra, com freqüência dá início a um regime de exercícios que ela diz ter como objetivo mantê-la em boa forma, mas cuja finalidade, na verdade, é "queimar a gordura".

> O professor de educação física de Dana recomendou que as garotas de sua classe tentassem melhorar seu condicionamento físico correndo. Ele recomendou 3,25 km três vezes por semana. À medida que ficava cada vez mais anoréxica, Dana aumentou esse programa até correr essa distância todos os dias; depois a aumentou para 6 km e no final chegou a quase 10. Isso significava que estava correndo quase 70 km por semana — uma maratona e meia. É claro que ela perdeu muito peso, mas, não contente com seu programa, acrescentou uma série de exercícios puxados. Era uma visão angustiante para a família vê-la se esforçando tanto, magra e fraca como estava, para se manter "em boa forma".

É extremamente bizarro encontrar anoréxicas — tão subnutridas que seus músculos já se debilitaram — protestando que devem fazer exercícios puxados. Mais uma vez, é difícil para os que estão a sua volta entender que essa vontade de se exercitar nasce do medo e da compulsão. Tudo pode parecer teimosia, em especial quando a anoréxica se exercita secretamente, no meio da noite, por exemplo.

> O pai de Eileen acordou de madrugada ao escutar barulhos estranhos. Quando foi investigar, descobriu que a filha estava fazendo abdominais ao lado de sua cama.

EXERCENDO O CONTROLE

Por mais centrais que sejam as idéias de peso, silhueta e tamanho, existe um conceito ainda mais poderoso para a anoréxica: a idéia de controle. Esse controle é, antes de tudo, exercido sobre o alimento que consome e sobre sua silhueta, mas em muitas anoréxicas também se estende para outras áreas de sua vida.

O sono é uma área em que as anoréxicas com freqüência exercitam o controle ao limitar o que se permitem. Mesmo que a jovem tenha se exaurido com exercícios e uma dieta inadequada, ela pode se forçar a não usufruir as horas necessárias de sono. As anoréxicas estão cheias de autocrítica e provavelmente dirão a si mesmas que, se dormirem mais do que um mínimo de horas, são preguiçosas, da mesma forma como se chamarão de gulosas se atenderem à necessidade de alimento de seu corpo.

Também pode ser mais fácil para as anoréxicas ficar sem a quantidade adequada de sono porque a dieta de fome muitas vezes as deixa fisicamente inquietas. Existe uma teoria, baseada na analogia com o comportamento animal, de que somos feitos de tal maneira que, se estamos morrendo de fome, nosso corpo cria uma energia quase frenética para que possamos procurar alimento. Certamente muitas anoréxicas parecem ter mais energia do que seria de se esperar, tendo em vista sua alimentação restrita. No final, no entanto, a dieta de fome prolongada gera uma fraqueza e exaustão que mesmo a anoréxica não consegue vencer.

De maneira semelhante, uma pessoa que sofre de anorexia pode se privar de roupas adequadas, ainda que provavelmente sinta mais frio do que os que estão protegidos por uma camada de gordura e cuja circulação funciona bem.

> Fiona trabalhava em um jardim e ficava ao ar livre em todas as épocas do ano. Para espanto e horror de seu empregador, ela nunca usava mais do que jeans e camiseta. Quando indagada sobre isso, dizia que estava acostumada ao frio e, além disso, o trabalho a mantinha aquecida. Isso não convencia muito, pois suas mãos ficavam visivelmente azuis com o frio.

Algumas anoréxicas sabem que o corpo despende mais energia para se manter quente se não estiver adequadamente agasalhado e acrescentam isso aos inúmeros métodos com os quais pretendem perder peso. Outras falam de não precisar ou não merecer se agasalhar. Muitas vezes pode parecer que a anoréxica está se punindo por ter um corpo que precisa se manter quente, ou que precisa de alguma coisa.

A autoprivação também pode se estender ao dinheiro. Algumas anoréxicas podem ser generosas com os outros, comprando-lhes presentes, por exemplo, mas em relação a si mesmas são cruelmente parcimoniosas.

> Gilda se recusava a comprar esparadrapos para colocar nas feridas de seus pés, dizendo que não precisava deles, embora o sangue tivesse manchado suas meias e seu pé estivesse obviamente dolorido.

> Hilda comprava todas suas roupas em bazares de caridade e em brechós. Dizia que não via razão para comprar roupas novas quando as de segunda mão eram tão boas.

Pessoas anoréxicas podem até restringir duramente o tempo que dedicam a seus próprios prazeres.

> Ian adorava computadores, mas se permitia apenas meia hora por dia diante de uma tela. Achava que estaria sendo auto-indulgente se ficasse mais tempo fazendo algo de que gostava e que isso era o bastante para ele.

> Jennifer nunca passava mais do que marcados dez minutos no banho. Se demorasse mais, se sentiria egoísta.

PONDO UM FREIO NA VIDA

A esta altura já deve estar óbvio que, na anorexia, o que começa como uma restrição alimentar tem potencial para se tornar um estilo de vida que afeta toda a existência da vítima e deixa pouco espaço para outra coisa. Quantidades enormes de tempo e de energia podem ser gastas planejando os detalhes da vida cotidiana e fantasiando sobre eles. Além disso, esse sistema é secreto e deve ser mantido assim. O sigilo também exige muito esforço e planejamento e separa ainda mais a anoréxica de seu círculo de amizades e de sua família. É como se ela estivesse vivendo em um planeta distinto — o Planeta Anorexia.

É impossível para uma jovem que vive no Planeta Anorexia se desenvolver e amadurecer de acordo com sua idade. A maioria dos pesquisadores considera atualmente que a idade da paciente de anorexia é a que tinha quando começou a desenvolver a doença, embora cronologicamente possa ser muito mais velha. A anorexia pára e inibe o crescimento e o desenvolvimento. É provável que a doença tenha como objetivo fazer exatamente isso; é uma maneira de dizer: "Pare o mundo que eu quero sair!"

Efeitos físicos

A anorexia diminui ou evita o crescimento e impede o desenvolvimento da puberdade. Alguns pesquisadores acreditam que todo o propósito da anorexia pode consistir em reverter o desenvolvimento da puberdade e fazer o corpo retornar ao estado de pré-puberdade; que a anorexia se constitui numa recusa à continuidade do processo de desenvolvimento e crescimento. Embora a maioria dos pesquisadores não acredite que a anorexia possa ser explicada dessa maneira em todos os casos, não há dúvida de que fisicamente ela tem esse efeito.

Se a anorexia começar antes de a garota atingir a puberdade, a paciente não passará pelas mudanças esperadas nessa fase. Uma menina de onze anos que se tornar seriamente anoréxica não crescerá em altura e não passará pelas outras mudanças do esqueleto e do corpo que a puberdade traz, portanto sua pélvis continuará estreita como a de uma criança. Seu cabelo e pele permanecerão como os de uma criança. Não desenvolverá seios, quadris e nádegas característicos da mulher. Como seus hormônios permanecerão os de uma criança, a menstruação não acontecerá e ela não terá o despertar do interesse sexual gerado pelas mudanças hormonais da puberdade. Fisicamente, continuará uma criança.

Felizmente, a anorexia nessa idade não é muito comum — embora as pesquisas sugiram que está começando a ser —, mas existem anoréxicas adolescentes e no começo dos vinte anos que parecem crianças em virtude da parada do desenvolvimento físico que a doença provocou.

Quando a anorexia tem início após o desenvolvimento da puberdade, essas mudanças se revertem em parte, embora as mudanças da estrutura óssea felizmente não sejam reversíveis. Entretanto, o depósito de gordura nos seios, quadris, abdômen, nádegas e coxas pode ser completamente removido pela dieta de fome, e a menstruação e a consciência sexual podem ser revertidas.

Quando uma anoréxica se recupera, a maior parte dos aspectos do processo de desenvolvimento físico pode ser retomada, e a forma normal do corpo voltará. As mudanças da estrutura óssea, contudo, provavelmente não acontecerão se não tiverem ocorrido antes de a anorexia começar. Apesar de a menstruação em geral começar ou retornar espontaneamente, isso nem sempre acontece e, quando acontece, demora um tempo considerável, mesmo depois de o peso normal ter sido atingido. Há algumas evidências de que ex-anoréxicas podem ter dificuldade em retomar a ovulação normal e ter problemas para conceber naturalmente.

Sabe-se que a incapacidade de menstruar indica que os níveis de estrógeno estão baixos e que, como resultado, o desenvolvimento da densidade óssea pode ser permanentemente afetado. Embora a densidade óssea possa melhorar quando os níveis de estrógeno subirem outra vez, a ex-anoréxica não conseguirá recuperar o desenvolvimento que perdeu, podendo sofrer de osteoporose mais tarde.

Efeitos intelectuais

Apesar de as anoréxicas muitas vezes estudarem ou trabalharem muito, até obsessivamente, seu trabalho sofre em razão de sua vida emocional e capacidade criativa estarem muito limitadas pela doença.

> Marlene estudava dança e ia muito bem, apesar de sua anorexia, desde que tudo que se exigisse dela fosse a execução dos passos exatamente como tinham sido ensinados. Quando lhe pediam para interpretar um movimento e colocar algo de si mesma nele, Marlene achava impossível. Depois, quando lhe pediam para coreografar pequenas peças, ela disfarçava sua

paralisia com a raiva, dizendo que era ridículo pedir a estudantes que criassem coreografias quando era óbvio que os grandes coreógrafos já haviam montado balés que valiam muito mais a pena.

Da mesma maneira, estudantes que sofrem de anorexia podem fracassar quando lhes é pedido um comentário pessoal sobre o que estão lendo. Elas investiram tanto esforço em negar as necessidades e sentimentos próprios que não sabem o que sentem sobre o que estão lendo, embora possam muitas vezes saber bastante sobre o que os outros sentiram e disseram a respeito.

Em outras palavras, a pessoa com anorexia acha completamente possível trabalhar duro para reproduzir informações e muitas vezes fará isso de forma brilhante. Esse esforço compensará, desde que se exija apenas isso dela. No entanto, com o passar do tempo, especialmente depois que a anoréxica chega aos dezesseis anos mais ou menos, cada vez mais suas opiniões pessoais, idéias e comentários serão solicitados e ela encontrará dificuldades para expressá-los. O fato é que ela se esvaziou dela mesma, e enquanto for anoréxica não terá muito para dar.

Efeitos sociais

Como já vimos, a anoréxica se isola dos outros. A dieta de fome exige enorme energia emocional e concentração e deixa pouco espaço para outra coisa ou outra pessoa. Sexualmente ela se encontra na pré-puberdade e muitas vezes é tão inocente com relação à atração sexual quanto uma criança.

Todavia, não é apenas do intercâmbio social comum que a jovem anoréxica se isola; seu comportamento significa que seu desenvolvimento social se estabilizou no ponto em que ela estava quando a doença começou a preocupá-la.

Na maioria dos casos, isso se dá por volta da metade da adolescência, justo no ponto em que há uma aprendizagem valiosa a ser efetuada a partir da interação com seus pares. Assim, ela será privada de uma época em que deveria estar experimentando a interação social, aprendendo a passar por situações sem ter sua família a apoiando o tempo todo; deveria estar, junto com seu grupo de colegas, discutindo suas experiências sociais e emocionais; deveria estar experimentando novas situações e novos acontecimentos; vivenciando novas maneiras de se arrumar e se comportar para que gradualmente pudesse descobrir quem é e do que gosta mais. No final, por volta dos dezessete anos, deveria estar explorando a possibilidade de relacionamentos mais íntimos que, no seu devido tempo, acarretariam um envolvimento sexual.

Mesmo para os jovens mais bem ajustados e apoiados, essa é uma época difícil. Há muito crescimento emocional e desenvolvimento a ser obtido em poucos anos. Além disso, se a anoréxica não participa de um grupo de colegas nesse desenvolvimento, ela não só terá perdido isso, como estará em uma idade em que se supõe já ter passado por essa fase.

> Embora tivesse 21 anos, Mary não tinha interesse em ter um namorado. No entanto, ela gostava da companhia de homens de sua idade e era acessível e aberta a eles. Contudo, ficava angustiada e zangada ao descobrir que, para os homens, essas amizades despertavam sentimentos sexuais e que depois de um tempo eles não queriam mais se comportar como se fossem irmãos. Queixava-se de que os homens só queriam uma coisa, mas ela estava completamente inconsciente de como seu comportamento, em uma mulher de 21 anos, seria provavelmente interpretado. Mary tinha banido seus próprios sentimentos sexuais com a anorexia e estava cega para os dos outros.

Algumas anoréxicas se casam ou vivem com um parceiro um relacionamento sexual, mas, pelo que se sabe, o sexo normalmente não é satisfatório. Muitas vezes a mulher anoréxica não sente prazer nenhum e não é sensível a seu parceiro; pode sentir dor no intercurso como resultado de extrema tensão. Algumas vezes o casal faz algum tipo de arranjo entre eles cujo resultado é o relacionamento ser ou se tornar não-sexual. Em uma relação assim, o homem pode ter problemas com seus impulsos sexuais ou ter a esperança de que, com o tempo, as coisas mudem. Quando e se a mulher anoréxica se recuperar, esses relacionamentos tendem a se romper.

PODER E PERFEIÇÃO

Os que estão em volta de uma anoréxica ficam frenéticos com a supressão de sua vida normal e de relacionamentos normais. Familiares e amigos ficam perturbados ao ver a pessoa que amam desaparecer, em todos os sentidos, bem na frente deles. Não conseguem entender como ela pode negar tão completamente o senso comum, as necessidades diárias de alimento e descanso, de companhia e conforto. Essa incompreensão é muitas vezes acompanhada pela irritação e raiva. A anoréxica os torna impotentes, e eles se sentem ignorados e passados para trás. À medida que a anoréxica se torna cada vez mais fraca, a raiva é substituída pelo medo. Esse jogo, esse estilo, esse comportamento pode terminar em tragédia.

Em contraste com as pessoas que vivem ao seu redor, a anoréxica em geral permanece perfeitamente calma e um pouco distante. Parece não ser capaz de entender por que tanto barulho. Com freqüência insistirá em que está gorda mesmo quando já está perigosamente emaciada e, quanto mais magra fica, mais irracional se torna. Atualmente se acredita que a dieta de fome afeta a capacidade da pessoa pensar adequadamente e não há dúvida de que a anoréxica morrendo de fome não mostra nenhum sinal de ser capaz de compreender o perigo que está correndo. Ao contrário, ela quase sempre se sente bem, e pouquíssimas anoréxicas tentam procurar ajuda por si mesmas; a maioria é levada contra a vontade a procurar ajuda.

O fato é que, enquanto o sistema continuar funcionando, a anoréxica se sente bem e maravilhosa. Sente-se poderosa, triunfante, excitada. Ela venceu a luta pelo poder sobre si mesma e suas necessidades. Está no caminho da perfeição. Geralmente sente desprezo pelos mortais comuns que precisam fazer coisas como comer e descansar. Ela não é como eles; ela está no controle.

OS EFEITOS DA ANOREXIA

Algumas anoréxicas podem encontrar um equilíbrio, mantendo esse sistema por anos ou mesmo, ocasionalmente, por toda a vida. Mas são raras.

Algumas parecem melhorar espontaneamente, sem nenhuma ajuda; porém, há as que ficam mais e mais magras e mais e mais doentes. Estão em dieta de fome e a fome progressivamente leva o corpo a cessar de funcionar de modo adequado.

A constipação grave crônica é um dos primeiros resultados de uma dieta insuficiente. As anoréxicas, às vezes, comem muito farelo de trigo para lidar com esse problema.

Um dos mais óbvios e mais sérios sinais desse processo é a redução e a parada da menstruação, ou a impossibilidade de começá-la.

Em estágios mais avançados da doença pode haver perda de cabelo, crescimento de lanugem por todo o corpo, uma permanente sensação de frio e o desenvolvimento imperceptível do afinamento dos ossos — um precursor da osteoporose. Também haverá fraqueza física progressiva, que no final acabará sobrepujando mesmo o controle de ferro da vítima. Tudo isso é resultado natural da inanição crônica.

É esse estado desesperado das coisas que levará a anoréxica gravemente doente a procurar cuidados médicos.

CAPÍTULO 2

O que é bulimia?

Eu planejo orgias de comida, e sempre como demais no trem, às sextas-feiras, quando volto para Nottingham, onde minha mãe mora. Não que eu realmente goste; é como uma compulsão, uma coisa que eu tenho de fazer. Eu me odeio por isso — é tão horrível —, mas de uma maneira estranha, quando como demais e fico com enjôos, eu me sinto melhor. Algumas vezes também uso laxantes e então as cólicas intestinais e o ato de me livrar de toda aquela merda também me faz sentir melhor. Isso me leva a pensar que sou louca. Não posso falar com ninguém sobre isso.

É terrível! Eu a escutava fazendo isso a noite inteira. Ela ia até a cozinha, comia uma quantidade enorme de coisas. Acho que comia sobretudo cereais, porque ela compra pacotes grandes e nunca sobra nada. Acho que ela também prepara torradas porque às vezes escuto o barulho da torradeira. Então, quando termina, ela vai ao banheiro e vomita tudo. Decidi procurar outro lugar para morar porque não posso mais suportar isso. Ela é esquisita.

A DESCRIÇÃO CLÍNICA

Embora se saiba que as orgias alimentares e os vômitos eram praticados pelos romanos, isso não foi registrado na literatura médica no passado como registraram a anorexia. Na verdade, a bulimia só foi descrita como doença de mulheres jovens a partir de 1979, e se pensava então que era extremamente rara. A partir daí, tentativas de defini-la continuaram e se desenvolveram e, como no caso da anorexia, houve interesse no sentido de saber se a bulimia poderia ser provocada por uma causa orgânica, metabólica ou genética. Também como no que diz respeito à anorexia, a pesquisa até agora identificou a bulimia como uma doença psicológica.

A definição, de acordo com a American Psychiatric Association, é a seguinte:

Critérios de diagnósticos para a bulimia nervosa

1. Episódios recorrentes de ingestão de comida em excesso (consumo rápido de uma grande quantidade de comida em um curto período de tempo)
2. Sentimento de falta de controle sobre o comportamento alimentar durante os excessos alimentares
3. Emprego regular da auto-indução do vômito, uso de laxantes ou diuréticos, prática de dietas rígidas ou jejuns, ou exercício vigoroso com o objetivo de evitar o ganho de peso
4. Média mínima de dois episódios de exagero alimentar por semana ou pelo menos três ao mês
5. Preocupação excessiva e persistente com a forma do corpo e o peso

(DSM-III-R, American Psychiatric Association, 1987)

Existe uma série de características que acompanham a bulimia, dependendo da maneira escolhida para se livrar da comida que foi ingerida.

- dano ao esmalte dos dentes (como resultado de vômito persistente)
- transtornos digestivos
- irritação da garganta e da boca
- desequilíbrio mineral
- solidão, isolamento social
- baixa auto-estima, ódio de si mesma
- vergonha, desgosto consigo mesma

É útil dividir o bulímico em dois grupos diferentes.

Bulimarexia

Como o nome sugere, essa palavra descreve a anoréxica que adotou o excesso alimentar como uma maneira de lidar com a violenta dor que a fome lhe provoca, e depois vomita ou purga o que comeu para manter o peso em níveis muito baixos e assim se livrar de tudo o que ingeriu. Fisicamente, este talvez seja o mais perigoso e ameaçador dos transtornos alimentares. A vítima enfrenta não apenas o efeito de uma dieta de fome como, adicionalmente, impõe a seu corpo o grande esforço do excesso e depois do laxante ou vômito. O excesso para uma pessoa anoréxica pode não ser tão grande — porém tem o mesmo efeito. Não é difícil imaginar o grande desconforto e o perigo do excesso para quem se habituou a viver com uma dieta restrita. O que é mais difícil para o doente agüentar é a vergonha de ter perdido o controle.

> Um dia "bom" para Jane era um dia em que tinha estado "sob controle". Nos dias "bons", ela comia sua dieta muito limitada — de cerca de oitocentas calorias, que consistia basicamente de frutas e vegetais. Um dia "ruim", e havia muitos deles, era um dia em que cometia excessos alimentares, e vomitava e usava laxantes. Nesses dias ela ia ao supermercado e comprava pão, bolo, cereais, biscoitos — tudo o que considerava mau — e passava as próximas horas alternadamente comendo muito e vomitando.

Alguns pesquisadores consideram que a bulimarexia não deve ser diferenciada da anorexia, com o argumento de que o estado da mente da vítima e sua visão de mundo são os mesmos. Na literatura mais antiga, escrita antes que a bulimia fosse claramente identificada, ela é descrita como um aspecto possível da anorexia. No entanto, acredito que há uma diferença crucial entre a pessoa que pode manter a dieta de fome sem reconhecer a necessidade ou a fome e aquela que pode *querer* ser capaz disso, mas que de fato, até certo ponto, é incapaz de negar suas necessidades completamente. No que diz respeito aos aspectos psicológicos, a bulimaréxica pode ser mais acessível do que a anoréxica que está morrendo de inanição, embora fisicamente possa estar correndo um risco maior. Ela pode também estar correndo um risco psicológico, já que seus excessos provam que seu sistema de controle está falhando. Por essa razão, pode tornar-se seriamente deprimida ou suicida.

A BULIMIA COM PESO NORMAL

Embora as pessoas desse grupo sejam tão obcecadas com peso e silhueta como as anoréxicas, elas mantêm seu peso dentro do limite normal. Em face dessa aparente normalidade, esse é o mais secreto dos transtornos alimentares porque não se mostra para as pessoas de fora. As bulímicas muitas vezes podem comer normalmente em público e mesmo ingerir uma dieta normal, usando os excessos para se aliviar da tensão extrema. Contudo, seu comportamento alimentar pode ser tão bizarro quanto o da anoréxica nos estados mais avançados da doença. Muitas bulímicas não têm um padrão regular ou normal de refeições. Estar praticando excessos ou se recuperando de um deles é o que governa sua ingestão de alimentos. Seu comportamento é motivo de vergonha e desgosto, mas elas temem renunciar a ele por acreditar que ficariam enormemente gordas.

> Kate trabalhou dez anos na indústria da moda e era muito consciente da imagem que seu emprego exigia. Seu chefe disse uma vez que não queria ninguém com manequim maior do que 42 trabalhando para ele, e Kate tomou isso como uma espécie de ameaça. Quando estava com vinte e poucos anos, usava esse manequim, embora tivesse 1,70 m de altura. Quando ficou mais velha e teve dois filhos, ela descobriu que

era impossível manter esse peso. Começou a tomar laxantes e não tardou muito para ter medo de comer qualquer coisa, a menos que soubesse que poderia "botar tudo para fora" mais tarde.

A INCIDÊNCIA DE BULIMIA

A incidência de bulimia nervosa é tão difícil de estimar quanto a de anorexia. Estimativas conservadoras sugerem que ela afeta cerca de 1% a 2% da população feminina entre 15 e 45 anos. Tende a começar mais tarde na adolescência e está presente entre as mulheres mais velhas de uma maneira que a anorexia não está. Contudo, é virtualmente certo que ela é muito mais comum do que esses números indicam, e muito mais comum do que a anorexia. Alguns estudos em populações estudantis sugerem uma incidência que beira os 20%. Estudos que levam em conta rigidamente os fatores de diagnósticos estabelecidos pela American Psychiatric Association tendem a produzir números mais baixos, mas, como no caso da anorexia, ignoram as formas mais suaves da doença. A bulimia com peso normal é muito difícil de ser detectada se não for revelada pela paciente, portanto, só por essa razão é provável que muitas vítimas nunca recebam nenhuma ajuda.

Atualmente, até onde sabemos, há ainda menos homens com bulimia do que com anorexia.

As taxas de mortalidade por bulimia são estimadas em cerca de 3%.

O EXCESSO ALIMENTAR

A necessidade de praticar excessos não é algo que uma pessoa bulímica encare com tranqüilidade. É uma precisão urgente e compulsiva que pode chegar de repente, sem aviso prévio, ou ser planejada com horas ou dias de antecedência.

A bulímica que planeja seus excessos com antecedência muitas vezes fará uma compra especial de comida, às vezes indo a mercados longe de onde mora ou trabalha com medo de que alguém possa descobrir seu segredo se fizer as compras repetidamente no mesmo lugar. Pode ir de loja em loja acumulando o que planeja comer.

Grande tensão e excitação podem ser criadas com o planejamento do excesso e quantidade de tempo significativa pode ser gasta nesse planejamento. Algumas bulímicas usam alimentos que marcam, como beterraba, para que saibam quando vomitaram tudo o que comeram. Algumas têm suas comidas preferidas, como bolachas e torradas, que não precisam de preparo e são fáceis de comer; contudo, no frenesi do excesso há as que comem alimentos tão pouco apetitosos como macarrão cru.

Às vezes a necessidade de comer em excesso é tão avassaladora que tem de ser atendida imediatamente.

> Linda foi primeiro de um lado da rua e depois do outro. Entrou em todas as lojas de alimento e comprou biscoitos e chocolates. Enquanto caminhava entre as lojas, rasgava as embalagens do que tinha comprado e enfiava tudo na boca antes de entrar na próxima loja.

Quando a necessidade de comer em excesso se faz presente em situações em que não é fácil conseguir comida, a vontade e o desespero suplantam a necessidade de sigilo e discrição.

> Mollie dividia um apartamento com duas amigas. Cada uma tinha uma prateleira no armário de comida e na geladeira. Mollie quase não deixava nada guardado na tentativa de evitar os excessos. Sua lógica era que, se não tivesse comida com que se exceder, então não comeria. Infelizmente não

funcionava assim. Quando, tarde da noite, Mollie sentia urgência desesperada de comer, tirava a comida das amigas, esperando que elas nada notassem antes que tivesse a chance de repor o que havia comido.

Os excessos muitas vezes acontecem à noite e virtualmente quando a vítima está só, embora alguns pesquisadores registrem a organização, por estudantes universitários, de excessos alimentares em grupo. Um cenário comum para a bulímica é chegar a casa ou apartamento vazio depois de um dia de trabalho. Ela pode ter comprado a comida no caminho de volta ou pode comer o que encontrar à mão. Em ambos os casos, a chegada em casa funciona como um gatilho para uma noite de excessos e vômitos, tentando lidar com os acontecimentos do dia através da comida.

Algumas passam dias inteiros e seguidos comendo em excesso e vomitando, enquanto outras que são mais bulimaréxicas podem considerar quase tudo que comem excesso e tentar tirá-lo do seu sistema à força. É claro que esses comportamentos nada têm a ver com a reação normal à necessidade fisiológica de alimento.

> Patricia finalmente procurou ajuda quando compreendeu que se sentia culpada ao comer qualquer coisa sem vomitar e estava começando a limitar até a quantidade de líquidos que tomava.

A compra de muita comida para os excessos é cara e as bulímicas às vezes se colocam em dificuldades financeiras por gastarem muito com isso, causando tensão nas relações com outras pessoas.

> Os pais de Nancy não entendiam por que ela estava sempre com pouco dinheiro, pois ganhava um bom salário como gerente e só era responsável pelo próprio sustento. Quando ela lhes pediu um empréstimo para pagar o aluguel, eles

começaram a lhe fazer uma série de perguntas sobre o que fazia com seu dinheiro. Nancy sentiu-se totalmente incapaz de lhes contar que estava gastando tanto dinheiro em comida. Como ela disse, era a mesma coisa que jogar o dinheiro pela privada e dar descarga. Como poderia esperar que seus pais entendessem?

Algumas mulheres roubam, às vezes porque estão sem comida, às vezes mesmo quando têm dinheiro. Esse roubo é inexplicável também para elas mesmas, mas se relaciona, pelo menos parcialmente, com o sigilo e a excitação dos excessos.

Olivia ficava aterrorizada em ser pega roubando das lojas, porém não conseguia deixar de levar os pacotes de biscoito do mercado local. Dizia que o sistema de segurança era tão ineficiente que era um convite ao roubo, e continuava indo lá.

DEPOIS DO EXCESSO

Passados o frenesi e a excitação do excesso, é provável que a bulímica se veja tomada por sentimentos de pânico. Ela pode ter ingerido milhares de calorias, mas é uma mulher que conscientemente deseja — e essa é realmente sua preocupação — perder peso. Como pôde se deixar ficar tão fora de controle? O que fazer para ter certeza de não ganhar peso apesar de ter comido tanto?

Além do pânico e da culpa, é provável que se sinta mal fisicamente. Ingerir muita comida rapidamente faz a pessoa se sentir bastante desconfortável, em especial na região do estômago e abdômen. Há relatos terríveis de pessoas que comeram tanto que alguma parte de seu sistema digestivo, do estômago ou da garganta se rompeu, causando a morte. Felizmente, poucas bulímicas chegam a tais extremos, mas de qualquer modo ficam desesperadas para encontrar uma maneira de aliviar o desconforto. Mesmo uma bulimaréxica, que não ingeriu mais do que uma quantidade normal de alimento, pode ter a sensação de inchaço que se segue à ingestão de qualquer quantidade significante de comida depois de um período de privação.

Os efeitos emocionais de um excesso são igualmente ruins, se não piores. A bulímica sente-se mal, culpada, sem força de vontade, fora de controle, horrorosa, feia, gorda. Culpa-se e se odeia pelo comportamento que não foi capaz de controlar e que não entende. Sua necessidade crescente é desfazer o que acabou de fazer.

Tendo concentrado toda sua energia em colocar a comida para dentro, a vítima agora foca sua atenção quase unicamente em como tirá-la do seu corpo. O método mais comum é o vômito auto-induzido. As bulímicas põem os dedos dentro da garganta e provocam a ânsia de vômito. Algumas se habituam tanto a isso que podem vomitar apenas pela vontade, sem ter que estimular o reflexo do vômito. Outras, de maneira preocupante, chegam ao ponto em que acham difícil manter qualquer comida dentro do corpo, tão acostumadas ficaram em comer e depois vomitar.

Esse vômito não faz a vítima sentir-se bem fisicamente. A ânsia provocada é um esforço para o sistema de qualquer pessoa e tende a aumentar o ritmo cardíaco seguido por sintomas semelhantes aos do choque: suor, tremedeira e fraqueza. Esse tipo de estresse físico em conjunção com o estresse físico e emocional do excesso faz uma bulímica de peso normal sentir-se mal e exausta, mas é ainda um esforço maior no já enfraquecido sistema da anoréxica.

Outras bulímicas usam laxantes tanto quanto ou no lugar do vômito. Muitas vezes é assim que a bulímica é descoberta — alguém encontra os pacotes de laxante. A *overdose* de laxante é comum. Há muitos informes sobre bulímicas que tomam mais de uma centena de laxantes de uma vez. As cólicas estomacais e a diarréia causadas pelo abuso de laxante são realmente terríveis e tornam impossível para a bulímica sair de casa ou manter suas atividades normais. Esse tipo de abuso é também perigoso porque conduz a um desequilíbrio mineral do corpo que pode causar colapso ou até mesmo a morte. Em um nível menos dramático, o desequilíbrio mineral recorrente provoca desidratação ou inchaço porque o equilíbrio fluido do corpo está alterado.

Uma terceira opção, que às vezes é usada sozinha ou em combinação com o vômito e o laxante, é a bulímica compensar seus excessos com uma dieta de fome.

A CRIAÇÃO DE UM CICLO

A experiência da ingestão de comida em excesso seguida por algum método capaz de assegurar que o alimento não acarretará aumento de peso geralmente não engendra o mesmo tipo de triunfo e sentimento de satisfação que a anoréxica experimenta. Ao contrário, o excesso é vivido como uma perda de controle cujos efeitos só por pouco são evitados. Além disso, muitas bulímicas sentem culpa, repugnância e remorso. Juram que nunca mais farão isso de novo.

Contudo, a bulímica, em especial a que tem tendências anoréxicas, não raro se prepara física e emocionalmente para outro excesso assim que o primeiro acaba. Seu excesso a faz temer o ganho de peso mais do que nunca; e, pior, ela fica horrorizada com sua capacidade de comer em excesso quando está conscientemente preocupada com o tanto que come. Sua reação é tentar aumentar ainda mais suas restrições e o controle que exerce sobre sua dieta, depois que o excesso acabou.

Para muitas bulímicas, parece que não há outra alternativa a não ser a dieta de fome ou os excessos. Usualmente, elas iniciam uma dieta restrita, ou até param completamente de comer. No entanto, seu corpo reage a esse tratamento duro com vontade e urgência desesperada de comer, as quais tentam ignorar até que esses desejos não possam mais ser ignorados — e outra comilança acontece. É óbvio que há mais na bulimia do que isso, ou então seria extremamente fácil corrigir o ciclo, mas sem dúvida existe um componente físico que ajuda a manter o padrão.

A CONFUSÃO DE SENTIMENTOS

Já vimos como as anoréxicas mantêm o padrão de fome negando os sentimentos físicos do desejo de comer e como são hábeis em não admitir sua necessidade física de alimentos e, muitas vezes, também de descanso, agasalho etc. A bulímica não é capaz de manter a negação total de suas necessidades normais como a anoréxica. Muitas bulímicas foram anoréxicas e passaram para a bulimia. De certa maneira, isso é psicologicamente mais saudável, pois elas se vêem admitindo suas necessidades — embora seja só para negá-las e desfazê-las tão logo possam. Muitas bulímicas admiram o "controle" das anoréxicas e gostariam de ser capazes de fazer o mesmo. Para elas, o reconhecimento da necessidade, que é simbolizada pelo excesso, ainda tem de ser desfeito, removido, destruído, assim que possível.

É claro que todo o ciclo de excesso e vômitos ou purgação acontece com pouquíssima referência aos sentimentos comuns de fome e à necessidade de satisfazê-los. As bulímicas são muito confusas sobre o que sentem e muitas vezes não sabem se estão famintas ou cheias. Essa confusão faz com que seja difícil para elas responder de maneira apropriada com seu comportamento alimentar. Para elas, de fato, é banquete ou privação.

O SISTEMA BULÍMICO

Esse padrão de alternância violenta entre os sentimentos de necessidade e o desejo de negá-los é também um sistema que tende a se estender a outras partes da vida da bulímica. Uma área que tende a ser afetada é a financeira. Já vimos como a própria comilança pode criar problemas dessa natureza, mas muitas vezes as finanças da bulímica ficam permanentemente em estado caótico por razões outras que não os gastos com comida.

> Rose gostava de roupas e se interessava muito por moda. Muitas vezes, aos sábados, passava horas vendo as vitrinas e comprando. Gostava de ter certeza de que as coisas que comprava estavam perfeitamente adequadas e de que pagava o preço mais baixo que podia por suas roupas. Como ela não tinha muito dinheiro, isso fazia muito sentido. O que Rose não contava é que muitas vezes, de repente, abandonava todos seus cuidados e gastava muito mais do que realmente podia em roupas que quase sempre ela depois se dava conta de que realmente não gostava. Passava muito tempo de sua vida pensando em como sair da confusão financeira provocada por essas "orgias" de compras.

Cigarros, álcool e drogas — com todas essas substâncias as bulímicas podem se ver fazendo uso dos mesmos padrões com que lidam com comida e, da mesma forma, jurando nunca deixar isso acontecer outra vez. Alguns pesquisadores falam de personalidade viciosa ou multiimpulsiva para descrever a pessoa que satisfaz enormes necessidades só para se arrepender ou negá-las imediatamente depois. Algumas vezes a pessoa que está infeliz também fere a si mesma, cortando-se ou arranhando-se, quase sempre na coxa ou na parte interior do braço. Pode até se queimar. No momento, parece não sentir a dor esperada, mas o que importa é que a ação parece aliviar alguma tensão insuportável, assim como faz o excesso alimentar.

O contraste entre controle e ausência de controle pode se estender de maneira geral para a vida da bulímica. Um aspecto a ser destacado é o contraste entre ordem e desordem em seu ambiente.

> Por uma época, durante semanas, Sarah conseguia manter seu quarto no alojamento de estudantes onde vivia limpo e arrumado. De fato, ela tendia a ser um tanto obsessiva: colocava as coisas exatamente no mesmo lugar e não ia para a cama antes de arrumar os livros e papéis e guardar as roupas. No entanto, de repente, seu sistema se desmoronava e ela gradualmente começava a viver em uma desordem completa. Então, com esforço heróico, passava um dia limpando e organizando seu quarto, sem entender como havia se permitido viver naquele caos, e retomava seu padrão de ordem total.

Os relacionamentos e o comportamento sexual também podem ser afetados pelo sistema bulímico.

> Tania passava longos períodos sem vida social, mas se preocupava com sua capacidade de ficar por uma noite com homens que acabara de conhecer nos bares. Sabia que o que fazia não era nem sensato nem seguro e também que tinha pouca satisfação com esses encontros; ao mesmo tempo, porém, ela se via voltando repetidamente a esse padrão. "Eu me sinto como Jekyll e Hyde", dizia. "Há uma parte minha que nem sequer reconheço."

Portanto, as palavras-chave para a bulímica, assim como para a anoréxica, são *necessidade* e *controle*. Uma anoréxica vive em um sistema em que necessidades, carências, desejos e sentimentos foram todos abolidos. O fim lógico para esse processo é a morte, já que é impossível para qualquer um de nós continuar vivendo a menos que estejamos preparados para aceitar nossas necessidades. Para ela, a parte carente de si mesma é completamente inaceitável. Ela só aceita e aprova o seu eu que de nada precisa.

Uma pessoa bulímica, no entanto, alterna o eu "bom", o qual ela aprova, que geralmente está disciplinado para ter poucas necessidades e cujos sentimentos estão muito bem controlados, com um eu "ruim", repleto de necessidades, desejos e sentimentos avassaladores. Nem a bulímica nem a anoréxica conseguem ver que suas necessidades são normais e que, se tivessem seu espaço normal na vida delas, não perturbariam. Ambas sentem que os instintos do seu eu são um monstro de necessidades e gula que precisa ser disciplinado, punido e reprimido o máximo possível. E claro, ambas, ao negarem suas necessidades normais, transformam-nas em desejos violentos que consomem tempo e energia.

A necessidade de ajuda não fica imune nesses sistemas. A anoréxica acha quase impossível reconhecer essa necessidade, pelo menos para começar. A bulímica sente tal necessidade só para se arrepender depois de ter pedido ajuda. Como terapeuta, muitas vezes atendi a telefonemas de pessoas se queixando de bulimia que marcaram uma entrevista e depois não apareceram. No entanto, com o tempo, a bulímica pode entender que precisa saber o que está acontecendo com ela e pode permanecer com essa necessidade o tempo suficiente para começar a atendê-la.

PARTE II

As causas

CAPÍTULO 3

Anorexia e bulimia como maneiras de enfrentar a vida

À primeira vista, parece ridículo pensar na anorexia e na bulimia como maneiras de enfrentar a vida. A angústia e a ansiedade que ambas causam tanto para as vítimas como para as pessoas a seu redor sugerem que são, na verdade, maneiras de *não* enfrentá-la. Elas criam todo tipo de efeitos emocionais e físicos terríveis. A pessoa que sofre de alguma dessas doenças provavelmente se sente mal consigo mesma, fica tão preocupada com as questões alimentares, com peso, tamanho e silhueta que praticamente exclui tudo o mais: não tem uma vida social satisfatória, seus relacionamentos íntimos são gravemente afetados por suas preocupações, e não é capaz de trabalhar com todo seu potencial. Fisicamente, por grandes períodos, não se sente bem, está sempre cansada e fraca, sofre com os problemas de seu sistema digestivo e sente desconforto físico quase o tempo todo. Que maneira de enfrentar a vida!

Além disso, seu estado físico, seu isolamento social e seu comportamento estranho, obsessivo, causam enorme ansiedade nas pessoas que lhes são próximas. Familiares e amigos muitas vezes ficam frenéticos com o estresse de lidar com suas maneiras estranhas e frustrantes.

Apesar de tudo isso, a vítima acha extremamente difícil abandonar sua obsessão. As pesquisas sugerem que, quando a bulimia e a anorexia são graves a ponto de atender ao diagnóstico clínico, é provável que persistam durante anos; e, quanto mais tempo persistirem, mais difícil será a recuperação.

Contudo, para o observador de fora, nada pode ser mais simples: tudo que a pessoa tem de fazer para se curar é comer adequadamente! O fato é que, embora ambas as doenças tenham sido extensivamente pesquisadas e muito se tenha escrito sobre elas, ainda há muita ignorância e mal-entendidos a respeito. As vítimas em geral não provocam simpatia, e muitas vezes a reação das pessoas é de franca hostilidade.

Por esses motivos, quando a vítima procura ajuda pela primeira vez, seja de amigos ou de familiares ou de seu médico, o mais provável é que receba muitos conselhos bem-intencionados e de bom senso que se resumem a "Por que você não pára com esse comportamento tolo?", às vezes chegando até a uma ordem mais agressiva: "Pare com isso!" Entretanto, este é exatamente o problema da vítima: ela não entende por que não muda seus hábitos e por que não consegue parar. Qual será o motivo?

À PROCURA DE UMA CAUSA FÍSICA

Seguindo um modelo médico, muitos pesquisadores procuraram uma resposta tanto para a anorexia como para a bulimia em alguma disfunção física que pudesse criá-las. O grande problema com essa hipótese é que ambas as doenças não apenas se tornaram mais comuns só em tempos recentes como são encontradas sobretudo em países industriais desenvolvidos e são muito mais comuns em mulheres jovens do que em qualquer outro grupo. Esses fatores, juntos, parecem indicar que é improvável que essas doenças tenham causas físicas. Tentativas para identificar os fatores físicos responsáveis, como a hipótese de que a anorexia pode ser decorrência de uma deficiência de zinco, até agora não trouxeram respostas que resistam a um exame mais rigoroso. Contudo, é preciso ter em mente que a identificação das causas físicas de uma doença muitas vezes demora muito para ser estabelecida e que a existência de fatores físicos e em especial dos genéticos não pode ser de todo excluída como sendo total ou parcialmente responsável pela anorexia e pela bulimia.

UMA ABORDAGEM PSICOLÓGICA PARA O ENTENDIMENTO DAS DOENÇAS

A alternativa para uma causa física para a anorexia e a bulimia, e a hipótese que atualmente encontra mais consenso entre os médicos, é ver essas doenças como portadoras de um significado e um propósito psicológicos. Esse significado certamente tem relação com o indivíduo e sua família, bem como com a cultura e a sociedade em que vive. Neste capítulo, discutirei o que a anorexia pode significar nos termos da história emocional da paciente e sua família, e no próximo discorrerei sobre os significados sociais e culturais em um contexto mais amplo.

A idéia subjacente a esses conceitos de significado psicológico é que a anorexia e a bulimia são funcionais — têm a intenção de realizar alguma coisa além de seu propósito confesso, que é emagrecer. Se você perguntar a uma jovem anoréxica ou bulímica por que ela usa tão mal a comida, ela lhe dirá que só deseja ser magra. Se fosse magra, ela diz, tudo seria maravilhoso. Mas isso obviamente não é verdade. Para começar, ela já está magra, muito magra, enquanto continua afirmando, de uma maneira que não é racional para uma pessoa comum, que está gorda. A bulímica de peso normal é exatamente isso — uma pessoa de peso normal. Se ela realmente quisesse ficar mais magra, precisaria encontrar outra maneira de alcançar seu propósito, pois a que escolheu, apesar de toda sua agonia, a mantém com um peso normal. Em outras palavras, vistas sob uma ótica estritamente lógica, tanto a anoréxica como a bulímica se colocam em uma posição em que nunca alcançarão o que dizem ser seu objetivo. A anoréxica literalmente pode morrer de fome, proclamando no fim amargo que tudo o que deseja é ser magra; por sua vez a bulímica pode destruir sua saúde dizendo exatamente a mesma coisa enquanto permanece com o peso normal — vômitos e laxantes são métodos ineficazes para assegurar que as calorias não serão absorvidas. A conclusão parece óbvia: bulimia e anorexia não dizem respeito simplesmente à comida nem tão-somente ao desejo de emagrecer, não importa o que diga a doente.

Ninguém escolheria conscientemente ter anorexia ou bulimia; são doenças terríveis e causam inúmeros sofrimentos. Disso decorre que elas devem servir a um propósito, algum outro propósito que não a magreza, e que deve ser muito importante, além de não poder ser atendido de outra maneira — ou pelo menos é isso que a pessoa entende, em determinado nível. O que poderia ser, então, esse propósito subjacente?

AS OBSESSÕES E SUAS UTILIZAÇÕES

O ponto mais óbvio sobre a anorexia e a bulimia é sua qualidade de obsessão. Pensamentos relacionados com comida, peso, silhueta e tamanho povoam constantemente a mente da paciente. As que estão no estágio avançado da doença têm dificuldades em pensar sobre qualquer outra coisa. É isso que as afasta de seus amigos e familiares e que pode acabar tornando impossível o estudo ou o trabalho. De fato, um dos sinais de uma jovem estar começando a procurar um caminho para se libertar de sua prisão é quando não tolera mais pensar em comida, peso, tamanho e silhueta todos os dias, o dia todo.

> A primeira coisa que Valeria disse quando chegou ao grupo de auto-ajuda foi que estava "morrendo" de tanto se pesar e contar calorias.

Para o observador, portanto, a coisa terrível da anorexia e da bulimia é como a pessoa se torna obsessiva e incapaz de se interessar por algo que não seja comida, peso, tamanho e silhueta. Contudo, talvez sejam precisamente os atributos de distrair e preocupar próprios dessas doenças que são de maior utilidade e valor para a vítima. Talvez a anorexia e a bulimia a protejam contra, ou a tornem capaz de enfrentar, seja o que for que a esteja preocupando.

Esse mesmo argumento é usado quando se pensa em qualquer obsessão e como reagir a ela. Por exemplo, a pessoa que é obsessiva com limpeza jurará que toda sua preocupação reside em que a casa esteja limpa; mas, assim como a magreza nunca é suficiente, a limpeza também não é. A pessoa que limpa obsessivamente é tão capaz quanto a anoréxica e a bulímica de tornar a vida dos que estão ao seu redor um inferno. É óbvio, em ambos os casos, que a doente está preocupada, ansiosa, tensa, infeliz a respeito de alguma coisa, mas igualmente parece claro que essa preocupação não se relaciona, de fato, nem com a magreza nem com a limpeza. É mais um modo de protelar as ansiedades escondidas.

Parece muito provável que a anorexia e a bulimia sejam maneiras de lidar com pensamentos, sentimentos e lembranças difíceis.

Wendy chegou ao consultório da psicóloga. Elas começaram a conversar sobre uma época muito difícil da vida de Wendy. De repente ela parou de falar. Parecia muito tensa e ansiosa. Depois de alguns minutos, a psicóloga lhe perguntou o que se passava em sua cabeça. "Eu já não estou pensando sobre isso", respondeu Wendy. "Estou pensando o que vou comer esta noite."

Essa consciência do processo é rara, mas parece provável que é isso o que acontece com a anorexia e a bulimia, e nesse sentido elas constituem, sim, maneiras de enfrentar os problemas. A questão que permanece é do que é que a pessoa precisa se defender tão desesperadamente.

QUANDO E POR QUE A OBSESSÃO COMEÇA

Uma das maneiras mais úteis para a doente começar a pensar sobre o significado da anorexia ou da bulimia em sua vida é se perguntar quando tudo começou. Grande parcela das vítimas parece ser capaz de datar o começo de suas dificuldades a partir de um trauma ou de uma perturbação específica. Isso pode diferir bastante de uma pessoa para outra. A lista a seguir foi estabelecida a partir de minha experiência clínica e não é absolutamente definitiva:

- a morte de um dos pais
- doença, mental ou física, de um dos pais
- a morte de um irmão ou irmã
- a morte de um dos avós que era íntimo
- o divórcio ou a separação dos pais
- abuso sexual
- estupro ou assédio sexual
- saída de casa
- o fim de um relacionamento
- a perda de um amigo íntimo
- exames
- provocação ou maus-tratos

Entretanto, nem todas as doentes podem identificar o incidente único ou o trauma que coincide com o começo de seu problema. Isso se dá porque elas não levaram muito a sério o que lhes aconteceu ou porque não estão conscientes de sua importância. Essas pessoas muitas vezes negam completamente que um evento que coincide com o começo do transtorno tenha alguma importância, o que pode ser realmente surpreendente para o ouvinte:

Anorexia e bulimia como maneiras de enfrentar a vida

Barbara foi retirada de um incêndio em sua casa pela brigada de bombeiros. Eles tiveram que usar equipamento respiratório para chegar até o lugar em que ela estava. Barbara realmente teve muita sorte de poder ser retirada sem sofrer problemas sérios. Sua bulimia começou como um problema real logo depois disso, mas essa coincidência nada significava para ela. Barbara negava terminantemente que havia ficado aterrorizada com a experiência, embora tivesse recebido tratamento contra choque no hospital. Era incrível que fosse incapaz de se permitir reconhecer o trauma horrível que vivera.

Algumas pessoas não conseguem reconhecer o que lhes aconteceu porque não têm consciência dos efeitos de uma série de eventos estressantes.

Cathy passou um período muito difícil na escola, tendo sido maltratada por quase um ano. A escola tentou lidar com o problema, mas os pais de Cathy achavam que ela deveria ser capaz de controlar a situação sozinha.

No final daquele ano, sua família se mudou e Cathy passou para outra escola. De certa forma, isso foi um alívio para ela, mas ao mesmo tempo significava que teria que tentar fazer amigos em um momento em que as outras alunas de sua classe já estavam com seus grupos de amizades consolidados. Ela tornou-se extremamente solitária e isolada, e foi nesse momento que começou a cometer excessos alimentares e vomitar. Cathy não podia entender como a mudança de escola tinha provocado sua bulimia, porém começou a perceber que esse tinha sido apenas o último de uma longa série de eventos estressantes.

O pai de Anabela era da Marinha, e em conseqüência toda a família mudara várias vezes durante sua infância. A cada mudança, ela tinha que se adaptar a uma nova casa, a um novo lugar, à nova escola e fazer novos amigos. Sua bulimia começou quando contava com dezesseis anos e foi enviada para um internato. Anabela gostava da escola e tinha sido mandada para lá exatamente para não mais mudar nos seus últimos dois anos de escola, pois estava se preparando para os exames. Portanto, não fazia sentido que sua doença tivesse começado nesse momento. O que ela não reconhecia era que essa não apenas fora a última de uma série de mudanças, como também que a tivera de enfrentar sozinha, sem ter a família.

Existe também um grande número de anoréxicas e bulímicas cuja doença parece ter sido provocada não tanto por um evento isolado, e sim pela continuação de uma situação. Esse tipo de situação pode ser obviamente terrível, como abuso sexual ou violência e conflito na família. Outras parecem ter mais a ver com o sentimento da pessoa de não possuir os recursos internos para corresponder às expectativas dos outros.

> Dorothy veio de uma família muito rígida e religiosa na qual padrões extremamente elevados de comportamento eram exigidos das crianças. Qualquer resposta ou reação de Dorothy a seus pais era punida e ela devia ser sempre gentil e sorridente quando estava com eles. Ao mesmo tempo, havia grandes expectativas quanto a seu desempenho escolar e restrições severas a sua vida social. Com a idade de catorze anos, o estilo de vida de Dorothy era bastante diferente do de seu grupo de colegas e ela se tornou anoréxica.

Em todos esses casos parece provável que o transtorno alimentar foi usado como uma maneira de lidar com os sentimentos que surgiram em situações que a pessoa achou difícil enfrentar. Mas deve haver mais do que isso. Afinal, muitas dessas situações são eventos comuns na vida e quase todos passamos por elas. Mesmo que tenhamos traumas mais terríveis para enfrentar, nem todos sofremos de transtornos alimentares. Por que será que em algumas pessoas essas situações podem ser o gatilho para a anorexia ou a bulimia?

COMO AS FAMÍLIAS LIDAM
COM OS SENTIMENTOS

Acredito que a resposta tenha muito a ver com o fato de a pessoa *ter precisado* adotar esse modelo de comportamento a fim de poder lidar com os sentimentos provocados por sua experiência. Anorexia e bulimia, em grande parte, são doenças de jovens que ainda estão vivendo com suas famílias ou que se mudaram recentemente. São ainda muito influenciadas pela maneira de sua família fazer as coisas e especialmente pela maneira de sua família lidar com os sentimentos. Isso tem um papel importante na gênese dessas doenças.

Os eventos e as situações descritos anteriormente provocam sentimentos muito poderosos. Como seres humanos, fomos feitos de tal maneira que podemos — e queremos — lidar com nossas experiências emocionais mostrando e compartilhando os sentimentos. Uma pessoa que raramente faz isso, que pouco ri ou sorri, que não grita nem chora, que não mostra fisicamente sua afeição, é descrita como fria ou insensível ou indiferente. Estamos rodeados por imagens da mídia com expressão e demonstração de sentimentos; peças, livros, filmes e vídeos, todos eles mostram pessoas reagindo às situações e mostrando seus sentimentos.

Nem todas as famílias permitem isso. Por motivos diferentes, muitas desestimulam os filhos (e às vezes os adultos também) a expressar seus sentimentos abertamente, em especial os que são negativos ou difíceis, como raiva, frustração, desafio, irritação ou crítica.

Em nossa sociedade, muitas famílias possuem regras severas para controlar quais sentimentos podem ser expressos pelas crianças e que modelos de expressão são permitidos.

A família controlada

Elaine cresceu em uma família na qual havia um sistema muito elaborado e bem assimilado com respeito a quem poderia expressar quais sentimentos e como eles poderiam ser expressos, embora essas regras nunca tenham sido diretamente manifestadas.

Todos os membros da família podiam expressar sentimentos bons, felizes e de gratidão, embora as crianças devessem tomar cuidado para que não o fizessem com muito barulho e agitação. O pai de Elaine não gostava que as crianças mostrassem quaisquer sentimentos, mesmo bons, se achasse que eram excessivos. Provavelmente ele tinha muito medo de seus próprios sentimentos e, portanto, esse medo se estendia aos sentimentos dos outros.

A mãe de Elaine tinha se tornado perita em julgar quanta exuberância ou excitação seu esposo poderia tolerar antes de ficar zangado. Elaine também, ao crescer, se tornou perita. Mas seu irmão não era muito bom nisso, e muitas ocasiões familiares eram estragadas pela zanga do pai com a excitação do irmão ou com sua voz alta.

Quando a mãe de Elaine estava sozinha com os filhos, permitia uma expressão aberta de excitação ou prazer entre as crianças. Seus pais, porém, só conseguiam mostrar de maneira comedida seus sentimentos de prazer ou deleite antes de ficarem constrangidos e inibidos.

Expressões de perturbação, como choro, mau humor ou queixas, eram permitidas em algumas circunstâncias. O pai de Elaine poderia tolerar expressões brandas de perturbação por parte de Elaine, por curto período, mas não permitia o choro do filho.

A mãe de Elaine não podia expressar nenhuma contrariedade que dissesse respeito ao marido na frente dele. Podia se queixar dos filhos, embora isso fosse perigoso porque ele teria que lidar com sua dificuldade em tolerar sentimentos infelizes nos outros, negando-os nas crianças.

O pai de Elaine não podia gritar, mas podia se queixar e expressar seu desapontamento com qualquer um dos membros

Anorexia e bulimia como maneiras de enfrentar a vida

da família. Nenhum deles poderia discordar do que ele dizia, tampouco protestar.

A mãe de Elaine podia se queixar do pai para a filha. Isso a assustava, mas ela não podia demonstrar. Por outro lado, a mãe não podia se queixar do marido ao irmão de Elaine; ele se recusava a escutar. Ele também se recusava a escutar as queixas de Elaine a respeito de qualquer pessoa da família.

Ele não podia mostrar nenhuma perturbação; os meninos não fazem isso.

As duas crianças poderiam expressar sua perturbação quando sozinhas, desde que não chamassem a atenção dos pais.

Quando a família estava reunida, expressões de raiva só eram permitidas ao pai de Elaine. Ele poderia ficar — e freqüentemente ficava — zangado com a esposa e os filhos quando estavam todos juntos. Nenhum deles podia ficar zangado com ele ou ter nenhuma reação, exceto vergonha e desculpas pelo que haviam feito de errado. Não podiam manifestar nenhum sentimento com o tom da voz ou por meio de expressões faciais. Qualquer tentativa nesse sentido provocava um comportamento cada vez mais violento e intimidador por parte do pai.

Quando a mãe de Elaine estava com o marido, não podia expressar raiva, a não ser com os filhos. No entanto, isso era perigoso porque ele poderia descontar neles sua zanga. Às vezes ela podia demonstrar sua raiva com questões que nada tivessem a ver com a família.

Quando estava apenas com os filhos, a mãe de Elaine podia expressar sua raiva para e com eles. Também expressava sua raiva em relação ao pai deles. Nessas situações, eles podiam expressar raiva moderada dirigida ao pai e raiva leve dirigida à mãe. Contudo, ambas essas reações eram perigosas porque poderiam irritar a mãe, o que assustava as crianças.

As crianças não podiam expressar raiva uma com a outra na presença de nenhum dos pais. Podiam fazer isso se estivessem a sós, mas apenas na condição de que nenhum dos pais ficasse sabendo.

Esse exemplo descreve uma família real, e não é tão incomum assim. Origina-se da experiência dos pais em sua própria família. Quando crianças, certamente os pais de Elaine aprenderam de seus pais de quais sentimentos deveriam ter vergonha ou medo. Quase com certeza, eles estão reproduzindo os papéis desempenhados por seus próprios pais e passando o sistema que aprenderam para seus filhos. Foram ensinados a ter vergonha ou medo de alguns sentimentos e ensinarão a seus filhos as mesmas lições. Com variações, esses sistemas são muito comuns. Embora existam limitações severas ao que os pais podem expressar, as crianças são as que sofrem mais. Suas oportunidades de expressar sentimentos são muito limitadas, mas elas nunca têm muita certeza se é seguro ou não expressá-los e têm de ter cuidado quanto aos sentimentos dos pais.

A família "legal"

Há outros tipos de sistema que evitam ou inibem a livre expressão de uma série de sentimentos. Um desses é a família "legal". A família "legal" acha quase impossível permitir a expressão de qualquer sentimento que seja perturbador.

> O sr. Robert era um contador que tinha uma vida regular e ordenada. Apreciava voltar para uma casa bem-arrumada e encontrar sua esposa e as duas filhas esperando por ele para que pudessem jantar juntos.
>
> A esposa lecionava meio período em uma escola da região e sempre deplorava o comportamento dos alunos. Para uma mulher aparentemente suave, era interessante que não tivesse problemas de disciplina nas classes em que ensinava.
>
> As duas filhas estudavam em uma escola religiosa local que tinha boa reputação acadêmica. Esperava-se que elas estudassem muito e eram recompensadas pelas notas altas.

A escola também era famosa pelos cursos de tênis e ambas jogavam nos respectivos times de sua idade.

Desde o começo, as meninas foram criadas em um meio um tanto estrito e ordenado. Não havia absolutamente dúvidas de que eram amadas e queridas, mas também se esperava que se comportassem segundo padrões elevados. Na família, nunca ninguém levantava a voz ou gritava ou xingava. As meninas deviam dar prioridade às tarefas escolares, e a vida social era limitada e controlada. Os pais tomavam todas as decisões importantes para elas, e também muitas insignificantes. A mãe só tinha que levantar as sobrancelhas e dizer "Estou surpresa com você!" para silenciar os protestos.

Quando a filha mais nova desenvolveu anorexia aos quinze anos, ninguém conseguia entender. "Vocês são uma família tão legal", os amigos e vizinhos diziam.

Esse exemplo também é de uma família real e o sistema que adotaram para lidar com os sentimentos não é incomum. A nenhum membro da família é permitido expressar o que está acontecendo com ele emocionalmente. É como se fossem proibidos todos os sentimentos um pouco mais difíceis ou perturbadores. Recompensa-se a obediência a um sistema familiar que prega a aceitação seja qual for a obrigação ou o dever exigido, sem protestos nem discussão.

A família que tem coisas demais para enfrentar

Algumas famílias acham impossível dar atenção suficiente às necessidades dos filhos porque os pais estão sobrecarregados com o que já têm de enfrentar. Simplesmente, não dispõem de recursos para assumir mais nada e, como resultado, as crianças têm de lidar com seus sentimentos por sua própria conta.

Tom, irmão de Clare, nasceu quando ela tinha quatro anos. Era prematuro e durantes meses não se sabia se sobreviveria ou não. Ficou no hospital na unidade especial para bebês até engordar o suficiente para poder ir para casa. No entanto, logo ficou claro que havia sofrido graves danos cerebrais.

O efeito nos pais de Clare foi devastador. O estresse de todos os meses em que Tom ficara no hospital fez seu estrago e agora eles tinham que tomar conta de uma criança gravemente incapacitada, que sempre exigiria cuidados especiais. Aos poucos, a família conseguiu estabelecer uma espécie de rotina, mas Tom constituiu grande preocupação durante toda a infância de Clare. Os pais tentavam lhe dar alguma atenção, porém as necessidades de Tom representavam um esforço excessivo dos recursos físicos e emocionais da família. Clare aprendeu que seus pais precisavam que ela se virasse da melhor maneira possível, pois já tinham problemas suficientes em suas costas.

OS EFEITOS DO FRACASSO DA FAMÍLIA EM LIDAR COM SENTIMENTOS

Esses esboços de sistemas familiares não cobrem de maneira nenhuma todas as possibilidades, mas talvez sejam suficientes para ilustrar o que quero dizer. Quando uma jovem se encontra em um sistema que, por alguma razão, não permite que suas necessidades emocionais sejam atendidas, não é possível para ela processar os sentimentos comuns que se originam nos eventos do dia-a-dia. Desde a primeira infância, as crianças desses tipos de família são treinadas a controlar que sentimentos expressar dentro da família e de que modo podem fazê-lo. A sanção para a manutenção desse sistema é o desejo fundamental da criança de obter a aprovação dos pais.

Como as crianças vão lidar com seus sentimentos, se lhes são negados os meios normais de expressão aberta e direta e o direito de processá-los com a ajuda de uma pessoa em que confiam? A resposta é que elas encontrarão outros meios, menos normais, menos saudáveis e menos diretos de expressá-los porque, como a água, os sentimentos sempre encontram um modo de seguir seu curso.

Os mais jovens sempre serão capazes de enfrentar os problemas por sua própria conta, sem sintomas psicológicos sérios originados do esforço, até que enfrentem uma situação que destrua esse frágil equilíbrio — uma das crises ou eventos críticos da vida já listados. Então é provável que os sentimentos não expressos se mostrem de formas diferentes.

Tipicamente, os garotos encontram maneiras mais ou menos delinqüentes de se expressar, anti-sociais, desafiadoras e voltadas para fora, incluindo uma ampla série de comportamentos, do abertamente criminoso e violento ao fracasso na escola. O denominador comum é que envolvem e se destinam a alvos externos, em especial a outras pessoas e propriedades.

Por sua vez, as garotas geralmente encontram meios de expressar sentimentos sem prejudicar ninguém, exceto elas mesmas: depressão, comportamento sexual promíscuo, autoferimentos e, cada vez mais, nos últimos vinte anos, transtornos alimentares, incluindo a anorexia e a bulimia.

SENTIMENTOS QUE NÃO TÊM NOME

Há ainda outros problemas que a pessoa criada em um ambiente onde seus sentimentos não podem ser expressos livremente terá de enfrentar. Ela não aprenderá a identificar os sentimentos nem a falar sobre eles; na verdade, começará a sentir que não deveria tê-los. O resultado é que ela pode achar excepcionalmente difícil aceitar que tem sentimentos (em especial os negativos ou difíceis).

Isso é bem típico da anoréxica, que quase nunca sabe o que sente, ou mesmo se sente alguma coisa. É essa confusão que torna possível para ela negar seus sentimentos de fome. O que isso significa, contudo, é que não comer constitui apenas um aspecto de todo o problema de ser incapaz de identificar sentimentos. Uma garota anoréxica não sabe que tem fome, tampouco sabe se está zangada, triste ou frustrada. Quando começa a comer mais normalmente, sua recuperação está apenas começando. Ela precisa de toda uma educação para identificar e expressar seus sentimentos.

Com a bulímica, a situação é bastante singular. Ela sabe que sente alguma coisa, mas acha que não deveria. Também está muito confusa sobre o que sente e propensa a achar que qualquer sentimento (em particular os negativos ou difíceis) é fome, à qual primeiro resiste e depois sucumbe. Subjacentemente a essa reação estão o desespero de ter atendido a seus sentimentos e a raiva por estar condenada a satisfazer as necessidades humanas comuns de alimentação. Com os excessos, ela está tentando satisfazer uma necessidade avassaladora, a que chama de fome. Certamente, porém, a comida jamais satisfará suas carências emocionais. De maneira similar, são a raiva e o descontentamento que a fazem se arrepender de seu excesso. A comida a enganou e desapontou e, conseqüentemente, ela tenta reverter seus resultados.

Assim, a bulímica tem dois problemas: primeiro, ela interpreta mal quais são suas necessidades, de modo que seus excessos, sejam referentes a comida, compras ou qualquer outra coisa, não são satisfatórios; segundo, como a anoréxica, ela acha que, de qualquer maneira, não deveria ter necessidades. Similarmente, parar de cometer excessos e de vomitar é o começo de sua recuperação e ela se sentirá muito melhor, mas é *só* o começo e ela também precisa de toda uma educação para reconhecer os sentimentos e permitir-se satisfazê-los.

OS SENTIMENTOS E AS NECESSIDADES SÃO RUINS

Há ainda outro problema para a anoréxica e a bulímica: elas acham que são más por terem as necessidades e os sentimentos que têm. Nós somos rápidos em aprender com nosso meio e as primeiras lições que aprendemos tendem a ser as mais difíceis. Foi ensinado à anoréxica ou bulímica que não deveriam ter necessidades e sentimentos aos quais a família não pudesse responder. Infelizmente para elas isso não os faz desaparecer — eles meramente ficam reprimidos, e é provável que voltem à superfície de tempos em tempos. Uma jovem não sabe que isso é normal e deve ser esperado; ela aceita a norma dos pais de que não deveria ter tais sentimentos e, conseqüentemente, acredita que é má por tê-los.

A baixa auto-estima que faz parte da personalidade de toda anoréxica e bulímica se origina dessa fonte. Seus pais queriam que elas fossem algo que não são e não podem ser — uma pessoa com menos necessidades emocionais. Elas tentaram ser essa pessoa e falharam. A anorexia e a bulimia são tentativas heróicas de abolir os sentimentos, mas a longo prazo não funcionam. A mulher portadora de um transtorno alimentar sente-se péssima com relação a si mesma e não vê saída da espantosa armadilha na qual se encontra.

CAPÍTULO 4

Pressões culturais e sociais

No Capítulo 3 tentei mostrar os tipos de pressão pessoal que podem levar ao desenvolvimento da anorexia e da bulimia. O que esses fatores pessoais não explicam é por que a angústia de uma garota nos dias de hoje muitas vezes toma a forma de um transtorno alimentar, ou por que os transtornos alimentares atingem esmagadoramente mais mulheres do que homens. Neste capítulo, tentarei identificar as pressões culturais e sociais mais importantes que parecem ter criado tal situação.

A IMPORTÂNCIA DE SER BONITA

Desde a Segunda Guerra Mundial, e especialmente desde os anos 60, o mundo industrial desenvolvido mudou enormemente. Um aspecto de extrema importância nessa mudança foi o aumento bastante amplo da prosperidade para a grande maioria de cidadãos nesses países. Converse com alguém que cresceu nos anos 30, ou mesmo na década de 50, e você verá como hoje são muito maiores os recursos econômicos e a renda disponível. O desenvolvimento do conceito de férias familiares, por exemplo, é uma indicação dessa mudança.

Um dos resultados desse aumento da disponibilidade dos recursos econômicos foi a capacidade de adquirir posses de uma maneira que é nova na história do mundo. Nunca antes foi possível para tantos possuírem tanto. Todos somos proprietários de bens de consumo em uma escala nunca sonhada pelas gerações anteriores e que ainda são indisponíveis para a maioria da população mundial.

Esse desenvolvimento foi sustentado e ampliado pela indústria publicitária, que nos ensina a querer coisas e nos orienta com relação ao que devemos querer. Caso reconheçamos que é improvável que a aquisição de posses nos torne pessoas mais contentes e satisfeitas se nossas necessidades humanas mais profundas não forem atendidas, a publicidade nos leva a acreditar que novas posses nos trarão todas essas coisas mais profundas que desejamos. "Leve a felicidade para casa com os móveis novos, agora" é um velho *slogan* e mais óbvio do que usualmente os publicitários se permitem nos dias de hoje, mas ilustra bem o truque que deixamos que nos seja impingido. Nós nos permitimos acreditar que nossas necessidades humanas mais profundas podem ser atendidas mediante a aquisição de novas posses. E como essas necessidades, de qualquer maneira, são mesmo difíceis de serem atendidas, é fácil entender nossa credulidade.

Entretanto, os publicitários não são pessoas particularmente más que se dedicam a nos iludir e enganar. Eles simplesmente nos oferecem imagens que já achamos sedutoras. Os publicitários são a voz de uma sociedade projetada em um anúncio ou tela de tevê. As imagens podem ampliar e estender nossas fantasias e desejos individuais, mas não os criam do nada. Elas meramente nos informam sobre o sistema de valores que já possuímos.

Portanto, ter dinheiro para gastar e querer acreditar que comprar coisas com ele nos fará felizes já nos deixa prontos para aceitar a mensagem que os publicitários nos dirigem. Se comprarmos coisas e criarmos nossas vidas à imagem dos anúncios publicitários, seremos felizes. A criação da imagem pessoal, por essa razão, torna-se enormemente importante — até a coisa mais importante da vida.

Essa atitude é mais do que tudo desenvolvida no que se refere à aparência física. Há décadas que as roupas já não são compradas para satisfazer a necessidade principal de estar decente e aquecido. Certamente, elas nunca foram compradas só para atender a esse propósito. A história da roupa como um meio de exibição é quase tão velha como a raça humana mas, uma vez que o aquecedor nos mantém aquecidos e o ar-condicionado nos mantém refrescados, a função utilitária das roupas diminui. Então podemos e de fato as usamos quase inteiramente para mostrá-las. Portanto, os detalhes das roupas se tornam importantes — como a etiqueta, que nada tem a ver com a função das roupas e sim com a criação da imagem.

Além disso, é importante observar que a criação da imagem publicitária não diz respeito apenas à satisfação privada e pessoal; ela proporciona uma versão do eu que nos dá valor e aceitação aos olhos do grupo a que pertencemos. Essas imagens diferem de acordo com gênero, idade e classe, mas são muito poderosas em cada grupo. O resultado bizarro é que, em uma reunião de pessoas de um mesmo grupo, pode parecer que os jovens estão usando uniforme — por exemplo, o eterno jeans e camiseta. O apelo para ter uma imagem aceitável é poderoso. Ser aceito e aceitável é uma das necessidades humanas mais básicas. "Estar bonito" então se iguala a "estar bem" de tal forma que virtude e imagem se tornam a mesma coisa.

A MAGREZA COMO IMAGEM DOMINANTE

Desde os anos 60, o domínio da imagem se estende ao corpo humano, especialmente o corpo da mulher. Há uma maneira considerada ideal para o corpo feminino e é a magreza. Existem outros elementos desejados em relação, por exemplo, aos seios, quadris, pernas etc., contudo, de longe, o mais importante de todos esses imperativos é a mulher ser magra.

Isso parece ser recente. Em outras épocas — e na verdade em outras culturas de hoje —, a imagem ideal era de uma mulher roliça ou até mesmo gorda. Algumas vezes isso é visto como indicação de prosperidade, em particular em culturas em que a comida é escassa; a mulher gorda obviamente pertence a uma família rica, com poder para adquirir muita comida. Também tem uma ligação com a fertilidade. Como já vimos antes, uma mulher muito magra tende a ser infértil. Muitas sociedades ainda exigem que uma mulher tenha filhos e acredita-se que a gordura é uma indicação óbvia de que ela é capaz.

Mesmo em sociedades mais modernas, como a francesa e a inglesa do século XIX, as pinturas mostram que as mulheres cheias eram consideradas bonitas. Já se observou que Marilyn Monroe tinha um manequim que não a faria aceitável segundo os padrões pós-anos 60.

Não se pode colocar em dúvida que a forma desejável para uma mulher em nossa sociedade, hoje, é ser magra. Como sabemos disso? Porque estamos cercados por imagens de um corpo feminino magro. Da vasta gama de tamanhos e formas que o corpo feminino pode assumir, a mulher jovem, magra, é a que está associada ao estilo de vida e às principais imagens que nos são apresentados.

Além disso, essa imagem não é apresentada somente para o consumo e a educação das mulheres — nas páginas das revistas femininas, por exemplo, ou na publicidade de produtos comprados principalmente ou exclusivamente por mulheres —; ela também é usada para vender produtos comprados por homens. As mulheres aprendem como seu corpo deve ser, e também os homens. É interessante notar que o corpo masculino raramente é explorado dessa maneira, embora já se comece a ver o jovem macho musculoso e atlético anunciando produtos unissex.

A história e a experiência femininas com freqüência identificaram a existência das mulheres só em relação aos homens — ela é a esposa de alguém, a filha de alguém — e muitas vezes elas foram tratadas pela lei como propriedade dos homens. As mulheres aprenderam a se tornar agradáveis para os homens nos termos dos homens, portanto sua coisificação na publicidade não é nova. O que é novo é que a imagem agora identificada como agradável aos homens — e que, portanto, torna a mulher aceitável não apenas para si mesma como também para um homem — é ser magra.

O grande problema em relação a isso é que a maioria das mulheres não é, e nunca será, tão magra como as imagens apresentadas como aceitáveis em nossa sociedade. As exigências mínimas para o tipo de modelo que aparece nos anúncios publicitários é altura de 1,73 m e manequim 40 a 42. A grande maioria das mulheres jamais chegará a isso.

Para começar, a altura e as proporções de uma mulher são geneticamente determinadas, assim como seu peso. Isso não quer dizer que não existam variações consideráveis relacionadas com as influências do meio. Com uma nutrição melhor, por exemplo, as mulheres ficam mais altas, têm pés maiores, amadurecem fisicamente mais cedo e pesam mais do que nunca. Contudo, em circunstâncias normais, é impossível mudar radicalmente as proporções do corpo. Como podem atestar 90% das mulheres que fazem dieta e depois recuperam o peso que perderam e mais um pouco, isso é desperdício de tempo. O resultado triste é que muitas mulheres sentem que são inaceitáveis porque nunca terão o corpo que nossa cultura reclama. As anoréxicas e as bulímicas estão entre aquelas que ainda não aprenderam a se aceitar, apesar do que a cultura dita.

O ALIMENTO QUE NÃO ALIMENTA

Apesar da impossibilidade de conseguir isto, a vasta maioria de mulheres gostaria de ser mais magra do que é. Um número deprimentemente grande deseja isso mais do que qualquer outra coisa na vida. Há todo tipo de piadas doentias que mostram esse fenômeno: "Quais são as três palavras que as mulheres mais gostam de ouvir?" "Eu amo você?" "Não. Você perdeu peso".

Portanto, para atingir esse objetivo, a maioria das mulheres sente que deve se privar de comida, quer faça isso ou não. Isso cria uma culpa perpétua com relação à alimentação e aos alimentos, bem como uma categorização dos alimentos em "bons" (baixas calorias) e "ruins" (altas calorias), gerando um sentimento de autodepreciação que pode ser uma pálida sombra do sentimento da mulher anoréxica ou bulímica de que não merece ter necessidades.

Assim, é irônico o fato de a compra e a preparação dos alimentos serem feitas com maior freqüência pelas mulheres. A alimentação é um território em grande parte feminino; a responsabilidade pelo alimento e pelas refeições usualmente é da mulher, mesmo que seu companheiro participe do processo. Além disso, as mulheres constantemente estão sendo informadas sobre como alimentar sua família e estimuladas a avaliar se o que oferecem é bom o suficiente. Há conselhos nutricionais e culinários em todas as revistas femininas e a esmagadora suposição é de que a leitora é a responsável pela preparação das refeições para os membros da sua família.

Simultaneamente, em geral nas mesmas publicações, exortam-se as mulheres a comer menos e perder peso. Não lhes cabe a preocupação de estarem satisfeitas ou bem alimentadas. Isso é para os outros. Para elas mesmas, ficam a culpa e a ansiedade.

Ademais, parece que o limite para o que se come e a desaprovação de um bom apetite são aspectos comuns na educação das meninas. Pesquisas mostraram que as meninas se alimentam menos que os meninos, independentemente do seu peso, e são treinadas desde pequenas a comer menos. Não causa nenhuma surpresa o fato de tantas mulheres acharem difícil identificar a fome ou o sentimento de estarem cheias e terem tão pouca noção de quanta comida realmente desejam ou precisam. Essas confusões são apenas maiores, não diferentes, nas anoréxicas e bulímicas.

A INDÚSTRIA DA DIETA

Existem rumores aqui e ali de uma rebelião contra a tirania da magreza mas que, infelizmente, está apenas na intenção. Por outro lado, são muitas as armadilhas da indústria da dieta para estimular as mulheres a continuar tentando o impossível. Há inúmeras evidências de que o único meio de conseguir peso e uma maneira de comer normal e natural é ser capaz de identificar os sentimentos de fome e de saciação, os quais a natureza forneceu ao homem exatamente para que cumprissem esse propósito. Contudo, a maioria das mulheres foi socializada excluindo o reconhecimento acurado desses sentimentos e não confia neles.

Ademais, muitas mulheres usam o ato de comer ou não comer para tentar lidar com seus sentimentos e sua vida emocional. Essa agenda emocional ultrapassa os mecanismos reguladores comuns dos sentimentos de fome e de saciação. A anorexia e a bulimia são meramente versões extremadas desses relacionamentos muito comuns que as mulheres mantêm com a comida.

Por causa dessas confusões, as mulheres se encontram vulneráveis à idéia de comer de uma maneira determinada por outra pessoa, que sabe o que têm de comer melhor do que elas mesmas.

Some-se a isso que a indústria da dieta se apóia na alienação da mulher em relação ao seu corpo para perpetuar mitos sobre o que a dieta pode fazer por ela. As mulheres são intensivamente socializadas para se verem através dos olhos dos outros. "Como você acha que estou?" é uma pergunta que fazem freqüentemente tanto a homens como a outras mulheres. Se pressionadas a dizer como acham que estão, elas geralmente expressam desgosto consigo mesmas.

Uma mulher que se sente assim tão mal com seu corpo estará propensa a aceitar as premissas básicas da indústria da dieta: que a gordura pode ser retirada cirurgicamente do corpo e não voltar mais; que a privação a longo prazo é um método bom e possível para perder peso permanentemente.

De fato, é provável que a privação contínua leve ao abandono da dieta (que é o que usualmente acontece) ou ao estabelecimento de um ciclo de excesso/dieta de fome que pode se transformar em bulimia e, em algumas pessoas, em anorexia. No entanto, a pessoa que faz a dieta se sente com tão pouco direito de atender às necessidades do seu corpo que, outra vez, aceita essa premissa. Principalmente, está querendo começar a se privar e comer o que outra pessoa lhe diz que deve comer porque se acha inaceitável. Ela caiu na grande mentira que nossa cultura lhe vende: a de que, se pesar menos, será mais bem aceita.

Por ironia, isso está acontecendo em uma época em que as mulheres estão realmente ficando maiores e mais pesadas; os números daquelas definidas como obesas — mais do que 30% mais pesadas do que o peso médio esperado — aumentaram enormemente. Essas mulheres responderam a outra mensagem de nossa cultura — a de que a comida e os alimentos tornam as pessoas mais felizes. Os anúncios de *junk food* (comida pouco saudável) e confeitos geralmente sugerem que comer esses produtos traz mais felicidade. As mulheres com sobrepeso estão tão presas às nossas fantasias culturais quanto as anoréxicas e bulímicas, mas são fisicamente menos aceitáveis. Não surpreende que a todo momento a maioria das mulheres esteja começando, continuando ou terminando uma dieta. É demasiado doloroso não ser aceitável; é fácil entender por que elas acreditam na mentira.

No passado essa mentira foi esperta e sedutoramente vendida pela indústria da dieta. As pessoas que usavam os produtos dietéticos eram mostradas como magras, jovens, livres e atraentes para o sexo oposto. Contudo, um dos pequenos sinais da rebelião das mulheres contra a tirania da magreza é que na Inglaterra, atualmente, por exemplo, é proibido sugerir nos anúncios que o uso de produtos dietéticos traz felicidade ou sucesso. Essa mudança se deve ao sofrimento das mulheres com transtornos alimentares que acabaram reconhecendo que podem ser mais do que apenas inaceitáveis.

A INDÚSTRIA DA MODA

Existem, pois, pequenos sinais de que as coisas podem mudar em relação aos produtos dietéticos, mas esse não parece ser o caso da indústria da moda. Estima-se que 47% da população feminina da Inglaterra, por exemplo, use acima do manequim 46; porém, você certamente nunca saberá disso se entrar em uma loja da alta-costura. Na maioria dessas lojas, esse é o maior número disponível e há quatro números menores (44, 42, 40, 38). Isso é notável, não apenas por implicar que não se espera que as mulheres com manequins maiores usem roupas da moda, mas também porque essas mulheres simplesmente não existem no que se refere a uma grande parte desse mercado. Parece que a exigência cultural pela magreza excede até mesmo o interesse capitalista pelo lucro.

A AUTO-ESTIMA FEMININA

O que é triste, desesperadoramente triste, é que as mulheres são vulneráveis a essas mensagens e desejosas de escutar que são não-pessoas inaceitáveis por causa de seu manequim. Em *workshops* que conduzo, peço aos participantes que façam listas de todas as palavras associadas a "gorda" e "magra". Eles produzem uma torrente de adjetivos que revelam como esses conceitos são poderosos em nossa sociedade. Eis uma lista típica:

GORDA	MAGRA
volumosa	elegante
feia	sexy
auto-indulgente	atraente
flácida	fraca
grande	pequena
forte	bonita
pesada	leve
preguiçosa	esperta
estúpida	desejável
roliça	gostosa

Este exercício motiva tanto as pessoas que freqüentemente tenho que pará-las — elas não cessam de pensar em novas palavras. Então, só para mostrar qual é o meu objetivo, peço que o mesmo grupo repita o exercício com as palavras "baixa" e "alta". A diferença nas respostas é surpreendente. Embora existam palavras associadas a esses adjetivos, não são de maneira nenhuma em quantidade tão grande e não produzem nem de longe a mesma paixão ou energia como a primeira parte do exercício. No entanto, racionalmente, não há motivo para não termos também um sistema de valores em relação à altura. Não seria mais ridículo do que o sistema de valores que nossa cultura construiu em relação ao peso. Por que as mulheres chegaram a ter uma percepção tão pobre de si mesmas que se deixaram iludir assim por todo esse disparate?

Um aspecto com o qual todos que trabalham com mulheres portadoras de transtornos alimentares concordam é quanto à baixa auto-estima que essas mulheres têm. Elas pensam que são lixo. Estão cheias de ódio por si mesmas e se autodesprezam: consideram-se indignas e acham que uma pessoa que soubesse realmente como são horríveis não desejaria conhecê-las. Uma anoréxica tem a idéia de constantemente reprimir e negar a parte "ruim" de si mesma para se tornar mais aceitável; uma bulímica está engajada em uma luta violenta com a parte "odiosa" de si mesma que não consegue domar. Mas essas são apenas versões extremas de uma baixa auto-estima que é cada vez mais comum entre as mulheres. Por quê?

As pessoas que mais se esforçaram para responder a essa questão foram as terapeutas feministas, especialmente Orbach e Dana, cujo trabalho está listado e descrito no final deste livro, em "Leituras complementares". Elas têm duas linhas de argumentação. A primeira é que a educação social das mulheres, dentro e fora da família, solapa desde o começo a autoconfiança e o sentido de si mesmas. Assim, estão sempre lutando contra um profundo sentimento de insegurança e dúvida com relação ao próprio ser. A segunda é que se exige cada vez mais das mulheres que tenham um desempenho no mundo, mas seus recursos emocionais não são adequados para administrar essas exigências.

A educação social das mulheres

Eis algumas das questões mais importantes levantadas pelas feministas nos últimos vinte anos: como crescemos para ser um homem ou uma mulher? O que isso significa? O que nos é ensinado a respeito do significado de ser macho ou fêmea? Como somos socializados para o papel que o nosso gênero exige?

A resposta de Orbach é que somos ensinadas por nossas mães e preparadas por elas para nosso papel na sociedade. O que elas nos ensinam é o que elas mesmas aprenderam e penetra fundo em nossa personalidade:

1. A mulher deve desconfiar da própria espontaneidade e energia e, em vez disso, ser cuidadosa e prudente. Ao

menino é permitida mais liberdade física do que à menina e ele é estimulado a correr mais riscos. Aprende a ser mais ousado, porém sofre muito mais acidentes. À menina se ensina a ter cuidados, mas também a ser ansiosa e insegura sobre suas próprias capacidades.

2. À mulher se ensina a não necessitar das coisas. Ela recebe menos atenção do que o menino tanto em casa como na escola, e a ela se ensina a ser paciente na expressão de suas necessidades.

3. As meninas aprendem a submeter-se aos outros, a deixar que outros assumam a liderança, bem como a se colocar em posições subordinadas e auxiliares.

4. As meninas aprendem a antecipar as necessidades dos outros. Assim como as mães antecipam as necessidades dos bebês e das crianças, também suas filhas aprendem a estar atentas às necessidades dos outros em vez de focar as próprias.

5. A uma menina se ensina a se autodefinir em função dos outros e não em termos de separação e independência — como se ensina aos meninos. Ela aprende a valorizar a concordância e a evitação de conflitos como maneiras de manter a conexão emocional.

Essa é uma lista formidável. Pelo lado positivo, muitas dessas lições ensinam às mulheres as virtudes de colaboração e cooperação que parecem cruciais para o mundo continuar a funcionar. Provavelmente estamos apenas começando a entender como foram desastrosas para o mundo as virtudes masculinas da ambição, competição, agressão e individualismo. Precisamos das capacidades femininas de preocupação com os outros e de percepção das necessidades dos outros. Pelo lado negativo, no entanto, essas lições implantam um tremendo senso de insegurança e dúvida na mente das meninas sobre o que lhes é permitido fazer e mesmo sobre o que são. Não é difícil ver como a anoréxica e a bulímica aprenderam essas lições tão profundamente que sentem que reconhecer ou tentar atender às próprias necessidades é proibido.

Carregando uma carga completa mas correndo vazia

Contra esse estado de coisas, é preciso, todavia, considerar a participação crescente das mulheres nas esferas da vida e do trabalho que eram previamente reservadas aos homens. Mesmo que não seja verdadeiro dizer que elas têm oportunidades iguais às dos homens, de todas as maneiras houve um enorme desenvolvimento em sua contribuição para a força de trabalho e o funcionamento do mundo.

Uma proporção muito alta de mulheres trabalha fora de casa e dá uma contribuição valiosa e necessária ao orçamento familiar. Contudo, seu trabalho dentro da casa e com os filhos diminuiu muito pouco, apesar das outras obrigações que assumiu. Todas as pesquisas mostram que as mulheres ainda realizam a maior parte do trabalho doméstico e são as responsáveis pelos cuidados com os filhos, mesmo quando estão morando com um homem. Ao mesmo tempo, há um número crescente de lares em que só a mãe é responsável pelo cuidado integral e o sustento da criança.

O livro de Shirley Conran, *Superwoman*, foi uma das primeiras tentativas de mostrar às mulheres como fazer o impossível e administrar essa pesada carga de trabalho e responsabilidade. Não há dúvida, porém, de que elas ainda têm de lidar com muito mais coisas do que podem realmente administrar. A maioria delas tenta pôr uma boa cara e fazer o melhor que pode.

As mulheres mais jovens são as herdeiras desse modelo, e as expectativas quanto a elas ainda são maiores do que eram quanto às mulheres que cresceram nos anos 60 e 70. Um número cada vez maior de mulheres entra nas universidades e seu desempenho é melhor do que o dos homens em todos os níveis educacionais.

Essas exigências e expectativas são abastecidas pelas imagens das mulheres na televisão. No esporte e na dança, por exemplo, há exemplos das realizações extraordinárias de mulheres (magras). Isso gera pressão e competição que chegam a todas as camadas, até as classes de aeróbica nos pátios das igrejas.

No entanto, essas exigências e expectativas dizem respeito a mulheres que se sentem demasiado frágeis e emocionalmente vulneráveis. Muitas vezes elas confessam que se sentem fraudulentas: parecem estar bem e fazendo tudo, enquanto por dentro se sentem totalmente inadequadas e inúteis. São essas as mulheres que acabam usando a anorexia e a bulimia como forma de enfrentar o que lhes parece ser o eu desesperadamente indigno e sem direitos que têm dentro de si.

Não há dúvidas de que as pressões sociais e culturais criam um clima emocional que predispõe as mulheres ao desenvolvimento de transtornos alimentares. Felizmente, nem todas estão sujeitas a isso. Contudo, não é difícil ver que, se na vida de uma jovem há uma conjunção dessas pressões sociais e culturais com circunstâncias pessoais e familiares que não lhe oferecem apoio ou o oferecem de modo inadequado, então a anorexia e a bulimia serão as suas respostas irracionais.

Vamos ver agora o que pode ser feito a respeito.

PARTE III

Como obter ajuda

CAPÍTULO 5

Estratégias de auto-ajuda

Neste capítulo discutiremos as maneiras pelas quais a pessoa que está sofrendo pode se ajudar. No próximo, descreveremos e discutiremos a ajuda profissional disponível. Como saber se a vítima pode se ajudar ou se precisa de ajuda profissional?

É possível elaborar uma lista de critérios para sua orientação, se você estiver pensando em tentar se auto-ajudar.

1. Você deve desejar admitir que existe um problema. Geralmente isso é mais fácil para a bulímica do que para a anoréxica. A maioria das bulímicas não gosta de jeito nenhum da maneira como usa a comida e detesta o processo de praticar o excesso e vomitar. A maioria das anoréxicas reluta em admitir que existe um problema porque sua dieta de fome psicologicamente lhes oferece mais.

2. Você deve querer começar a trabalhar o desejo de abandonar seu jeito incorreto de usar a comida. É irrealista supor que a anoréxica ou a bulímica está 100% ou 75% querendo fazer isso, mas você deve, pelo menos, estar 51% querendo. Por uma proporção significativa de tempo, você deve querer mais do que não querer. Qualquer recuperação provavelmente terá retrocessos e atrasos, mas um desejo básico de recuperação a ajudará a passar por isso.

3. Você deve querer manter o peso em que está agora e não tentar perder nada enquanto estiver tentando se recuperar. Se seu peso estiver perigosamente baixo, você não será capaz de adotar um programa de recu-

peração por conta própria. Tanto em termos médicos como psicológicos não terá condições de fazer isso e necessitará de ajuda profissional. Contudo, se seu peso estiver baixo sem estar lhe trazendo riscos, ou se estiver normal, atualmente se considera que é possível começar um programa de recuperação se a vítima concordar em não perder mais peso. Se isso for impossível, então será necessária ajuda profissional.
4. Você precisa de muito apoio. O ideal é sua família querer ajudá-la tanto na prática quanto psicologicamente. Em uma situação perfeita, seria de grande ajuda pensar junto com seus familiares sobre qual terá sido a contribuição da dinâmica familiar para o desenvolvimento da doença. No entanto, poucos são abençoados com famílias que conseguem aproveitar a oportunidade oferecida pela doença de um de seus membros para se desenvolver e crescer como pessoas. Entre aquelas que podem, a maioria se beneficiará com a ajuda profissional. Contudo, não rejeite muito rapidamente sua família como potencial de ajuda. Leia este capítulo até o fim; sugira que eles o leiam também e veja se estão querendo aceitar o convite de ajudá-la.

Tão valioso quanto conseguir ajuda da família é receber o apoio do companheiro, se tiver um. Alguns companheiros ficam tão aliviados ao ver que você está tentando lidar com suas dificuldades que ajudarão de todas as maneiras possíveis. Aqui, novamente, a doença pode oferecer uma oportunidade para vocês crescerem emocionalmente como casal. Outros estarão amedrontados demais para se envolver, embora muitos tentem oferecer apoio prático e estímulo, se solicitados.

Muitas mulheres, nisso como em outras coisas, conseguem apoio emocional de uma rede de amigas.

Caso sua doença não a tenha alienado muito do convívio de suas amigas, e se você achar que é possível admitir suas dificuldades, elas podem ser muito valiosas para sua recuperação. Em nossa sociedade, poucas mulheres podem se considerar livres de problemas que envolvam comida e peso; assim, é muito provável que, ainda que não tenham os mesmos problemas que você, suas amigas serão capazes de desenvolver empatia com relação às suas dificuldades.

Se você não tiver um sistema de apoio pessoal do tipo descrito acima, poderá tentar consegui-lo em algum grupo de auto-ajuda, se existir um em sua cidade.

Também é possível achar uma pessoa atenciosa que não lhe seja particularmente íntima, mas disposta a ajudar. Conheço jovens que conseguiram que uma professora agisse com esse objetivo e às vezes um médico ou alguém da equipe de um centro de saúde. Mesmo que essas pessoas não saibam muito sobre transtornos alimentares, podem escutá-la e ajudá-la no que estiver tentando fazer. Se você for membro de uma igreja, pode haver alguém disposto a ajudá-la.

Seja quem for que você achar, provavelmente será útil lhe dar este livro para ler, a fim de que saibam sobre o que você esteve pensando. O que você precisa dessas pessoas é que estejam dispostas a escutar sem tecer juízos de valor, a encorajá-la e apoiar seus esforços.

Entretanto, se você não tem nem consegue obter algum desses tipos de apoio, acho que não é realista acreditar que poderá curar-se completamente por conta própria. É provável que você tenha desenvolvido um transtorno alimentar justamente por estar emocionalmente solitária. Você precisa de um acompanhante para ajudá-la a sair dessa situação. Se não dispuser de um, pense em conseguir ajuda profissional.

5. A auto-ajuda é uma opção mais realista, mesmo com apoio, se você não tiver outros problemas psicológicos significativos. Se estiver muito deprimida, se machuca a si mesma com cortes ou pancadas, se também tiver problemas com drogas ou álcool, se for uma consumista ou jogadora compulsiva, então você precisará da ajuda de profissionais. É pedir demais de você mesma que consiga escapar de tantas coisas por conta própria.

USANDO ESTE CAPÍTULO

Se você estiver pensando em prosseguir na sua recuperação sem ajuda profissional, sugiro que leia todo este capítulo para perceber os diferentes aspectos da recuperação nele descritos. Você poderá então pensar no que irá empreender e começar a imaginar como poderá ser esse processo no seu caso.

Em um único capítulo, posso apenas descrever aspectos limitados. Assim, talvez você queira mais detalhes, e poderá achá-los em alguns dos outros livros listados na seção "Leituras complementares". Preparei uma breve descrição dos conteúdos, que pode ajudá-la a descobrir qual dos livros que lá constam será de importância particular para você.

A recuperação leva tempo. Afinal, foram necessários pelo menos meses, talvez até anos, para que você chegasse aonde está. Agora levará meses, e provavelmente anos, antes que possa afirmar que realmente está recuperada, não apenas do uso inadequado da comida, como também das condições mentais que o acompanham. A recuperação do uso inadequado da comida pode ser bastante rápida — pode acontecer em meses. Desfazer-se dos sistemas psicológicos que estão subjacentes ao comportamento alimentar, porém, leva mais tempo.

A recuperação é trabalhosa e precisa de espaço em sua vida. Não pode acontecer sem que lhe sejam devotados tempo e energia. Mas pense em quanto tempo e energia você dedicou à sua doença. Use o mesmo tempo e a mesma energia na sua recuperação e logo estará muito melhor.

PENSANDO NA RECUPERAÇÃO

Toda recuperação, seja com ou sem ajuda profissional, está baseada nos mesmos princípios. Transtornos alimentares de todos os tipos têm progressivamente recebido mais atenção dos médicos nos últimos vinte anos. Até tempos recentes encontravam-se idéias contraditórias a respeito de como ajudar as pessoas por eles afetadas. Agora, entretanto, parece estar se construindo um consenso de que a recuperação efetiva depende da abordagem de três áreas.

O comportamento

A bulímica se sente desalentada com o fato de comer demais e vomitar, mas talvez não queira desistir disso por muito tempo. As anoréxicas raramente querem abandonar a sensação de estarem esfomeadas, apesar de quase sempre estarem rodeadas por pessoas que desejam que isso aconteça. Contudo, apenas quando a anoréxica ou a bulímica está com peso normal e pode comer normalmente sem aflição ou reações fóbicas é que podemos dizer que ela se recuperou. Os padrões de alimentação precisam mudar.

Os hábitos de pensamento

Como já vimos, anorexia e bulimia não são apenas padrões de uso inadequado de comida; ao contrário, o uso da comida é apenas a ponta do *iceberg* de todo um sistema ou estilo de vida, mantido por um complicado sistema de crenças que inclui elementos como:

- Sou gorda.
- Ser gorda é ruim.
- Sou má.
- Não devo comer.

A terapia cognitiva consiste de um processo de descoberta desse sistema de crenças e da tentativa de aprender novos padrões de pensamento. Depende de a pessoa ser capaz de ver que seus hábitos mentais não fazem sentido e ter vontade de praticar alternativas, mesmo que pareçam muito estranhas no começo. Esses hábitos mentais não são fáceis de modificar porque parecem verdadeiros, mas, a menos que sejam modificados, qualquer ganho de peso ou mudança no comportamento alimentar dificilmente será permanente.

Esses dois primeiros aspectos da recuperação podem ser trabalhados sozinhos, quer você continue ou não a explorar o que a fez começar a usar mal os alimentos.

Os sentimentos subjacentes e a história emocional

Considero que as raízes de um transtorno alimentar estão na história familiar e na experiência emocional pessoal da doente. O transtorno alimentar tem o propósito de lidar com o sofrimento dessa experiência, mas torna-se, ele também, um problema e um sofrimento.

O sofrimento do passado limita a vida e o potencial de muitas pessoas, não apenas as que sofrem de anorexia e bulimia. Minha convicção é de que, enquanto permanecermos ignorantes daquilo com que estamos tentando lidar no passado, estaremos condenados a gastar muita energia nos protegendo desse conhecimento e freqüentemente repetindo padrões de comportamento aprendidos que hoje nos são prejudiciais. Explorar nossa própria história pode nos liberar de antigos hábitos e antigas maneiras de pensar que já não nos são úteis no presente. A psicoterapia tem como objetivo fundamental aumentar a autonomia e a responsabilidade por nós mesmos.

Há terapeutas que acreditam que, se uma pessoa modifica seu comportamento alimentar e as maneiras distorcidas de pensar sobre alimento e peso, já terá se recuperado do transtorno alimentar. Também há os que acreditam que, se a pessoa identifica o sofrimento do passado que a levou a desenvolver um transtorno alimentar, então ela se recuperará, mesmo sem atenção explícita ao comportamento alimentar e ao pensamento obsessivo.

Eu acredito que a recuperação completa, e uma liberação do transtorno alimentar que tornará a doente capaz de crescer e se desenvolver mais plenamente como ser humano, implica todos os três. Contudo, trata-se de um programa ambicioso e sem dúvida há doentes que ficam contentes em apenas se livrar das piores manifestações do mau uso da comida. Minha experiência como terapeuta mostra que, quando alguém não está seriamente afetado pelo transtorno alimentar e tem alguma idéia da razão pela qual precisa disso para enfrentar a vida, então a psicoterapia, com relativamente pouca atenção aos elementos comportamentais e cognitivos, trará uma mudança no comportamento alimentar e no pensamento distorcido, bem como crescimento e desenvolvimento pessoal. Quando a anorexia e a bulimia estão mais profundamente arraigadas, no entanto, cada um dos três elementos provavelmente necessitará de uma exploração mais completa e de muito mais espaço.

MUDANDO SEUS HÁBITOS ALIMENTARES

Esta seção requer que você convoque a sua parte adulta e sensata, a parte que sabe o que é bom para você e do que você precisa. Esse conhecimento provavelmente foi mascarado por todos os tipos de sentimentos e também pelo comportamento alimentar errado, mas pode ser encontrado na maioria das anoréxicas e das bulímicas. Se você não for capaz de usar esta primeira seção das estratégias de auto-ajuda, então provavelmente precisará de ajuda profissional para se recuperar.

Estabelecendo uma boa dieta

Muitas pessoas com transtornos alimentares perderam a noção do que ou quanto deveriam comer em uma dieta normal. Algumas talvez nem tenham conhecimento do que vem a ser uma dieta normal, especialmente se vieram de famílias nas quais as refeições eram caóticas e pouco estruturadas. Para outras, as lembranças de uma alimentação normal estão num passado tão distante que parecem pouco reais. Todas não estão a par das mensagens normais de fome e da sensação de saciedade, apetite e satisfação que são os guias naturais do corpo para o comportamento alimentar. Esses mecanismos retornarão com o tempo, mas primeiro você terá de estabelecer para si mesma um padrão de alimentação normal, e terá de fazê-lo mais pela teoria do que pelo instinto, já que no momento seus instintos não estão funcionando adequadamente.

A própria idéia de estabelecer uma maneira "adequada" de comer quase com certeza será aterrorizadora, e assim enfrentamos o primeiro problema da recuperação, o qual você terá de enfrentar muitas vezes: fazer o que sabe que precisa fazer, e o que será melhor para você, parece ruim e errado. É nesse ponto que você precisa de sua parte adulta e sensata que poderá lhe dizer: "Sim, sei que isso parece estranho, ruim e errado. Ao mesmo tempo, sei que é disso que preciso para me curar e, com pelo menos 51% de mim, quero me curar!"

Quando se sentir particularmente deprimida ou desestimulada, use os próprios problemas que a fizeram chegar a essa situação e diga a si mesma: "Neste momento estou achando difícil fazer isso por mim mesma, mas vou fazer pelas pessoas que estão ao meu redor, que me amam e se preocupam comigo e querem me ver curada".

Portanto, vamos voltar à tarefa de que estávamos falando. Você deve estabelecer um padrão normal de alimentação porque, a menos que faça isso, não se curará e não será capaz de abandonar sua obsessão com comida e gordura. Por mais difícil que pareça, não há como evitar.

Ainda não encontrei uma pessoa com transtorno alimentar que não fosse perita em calorias e nutrição. Use esse conhecimento para organizar menus simples para você mesma. No caso pouco provável de não ter essa informação, ela é fácil de ser encontrada em muitas revistas e livros. Uma mulher precisa, em uma estimativa baixa, de aproximadamente 2 mil calorias diárias, portanto organize um plano de alimentação que lhe forneça mais ou menos essa quantidade. Faça isso usando alimentos de tipos diferentes para o desjejum, o almoço e o jantar, mais uma lista para lanches leves durante o dia. A maioria das pessoas gosta de comer alguma coisa a cada duas ou três horas, e as refeições devem ser separadas por lanches leves, de tal maneira que você estará mastigando alguma coisa aproximadamente seis vezes ao dia.

Tenha certeza de incluir nessa lista alimentos de que gosta. Há muito pouco sentido em incluir coisas que você acha que deveria comer, se não consegue se imaginar ingerindo-as. Para começar, provavelmente será necessário ser bem precisa acerca do que prescreveu para si mesma: "57 g de cereais sem açúcar e 170 g de leite semidesnatado" quase com certeza lhe parecerá melhor do que apenas "cereais e leite".

Se tiver dificuldades em fazer este exercício, tente imaginar que está preocupada com a maneira como sua irmã ou sua melhor amiga come e prepare os menus como se fossem para elas. (Aqui também você pode usar, em seu próprio benefício, o conhecimento que tem sobre as necessidades das outras pessoas.)

Quanto tiver terminado, deverá ter reunido pelo menos cinco ou seis escolhas para cada refeição e uma lista para lanches. Qualquer combinação deverá somar em um dia cerca de 2 mil calorias.

Agora encontre alguém para quem possa mostrar esse plano de alimentação e com quem possa discuti-lo. Não é preciso ser alguém que saiba tanto quanto você sobre nutrição. O objetivo, neste momento, não é elaborar um plano perfeitamente equilibrado e idealmente nutritivo; é mais lhe fornecer um caminho de volta aos padrões normais de alimentação.

Poderá ser de grande valia verificar que seu programa de recuperação é real se discuti-lo com alguém capaz de apoiar cada passo que você der. Até agora você ainda não fez nenhuma mudança prática, mas seu plano é uma maneira de assinalar que está tentando efetuar algo nesse sentido.

Comparando com onde você está agora

O próximo passo é escrever um relatório sobre o uso da comida em um dia típico no ponto onde você está agora. Isso não é muito fácil de fazer. É difícil ser realmente honesta consigo mesma sobre o uso que faz da comida, em especial porque provavelmente está cheia de boas intenções quanto a mudar seus hábitos.

Você pode querer manter um registro do que faz com a comida durante uma semana. Também é um exercício difícil porque você estará mergulhada no seu esforço diário. Contudo, mesmo o sofrimento de fazer isso pode ser usado para lhe dar energia para a mudança. Se puder dizer a si mesma algo como "Por que estou fazendo uma coisa que me dá tanta vergonha até admiti-la para mim mesma?", isso poderá lhe oferecer um estímulo extra para a recuperação.

Será imensamente útil se puder admitir, para a pessoa que a está ajudando, a maneira exata como você está usando a comida neste momento. Embora tal atitude possa fazer com que se sinta culpada e envergonhada, também fará com que seu esforço seja mais real. As pessoas com transtornos alimentares muitas vezes conseguem esconder de si próprias o que estão fazendo a si mesmas. Admitir isso para outra pessoa pode funcionar como algo que as faça despertar.

Depois de preparar esse relatório de como usa a comida, será capaz de compará-lo com o plano para alimentação normal que já elaborou. Ficarei surpresa se você não ficar um tanto chocada, ou mesmo assustada, com a diferença entre os dois. Use isso para ajudá-la na etapa seguinte.

Começando a mudar seus hábitos alimentares

Você agora precisa elaborar um calendário para introduzir sua nova maneira de se alimentar. Certamente, o ideal seria poder realizar essa mudança de uma vez, mas, se seu padrão foi seriamente desestruturado por um tempo muito longo de uso inadequado de comida, então terá de ir por etapas. Portanto, começando com a(s) parte(s) do dia que considera mais fácil(eis) mudar, estabeleça um calendário de como proceder. A introdução dessa nova maneira de comer poderia, por exemplo, desenvolver-se em etapas de duas semanas:

Dia um, semana um: comece fazendo o desjejum normal e um lanche no meio da manhã.
Dia um, semana três: acrescente o almoço normal e um lanche no meio da tarde.
Dia um, semana cinco: acrescente o jantar normal e um lanche à noite.

Esse calendário, contudo, é algo que você terá de fazer por si mesma. Tente elaborar o plano mais completo que conseguir. Sua tentação constante será desistir da recuperação. Quanto mais puder se ajudar com uma estrutura firme, mais fácil será progredir.

A implementação efetiva do plano será difícil. Você se sentirá aterrorizada, achando que vai ficar monstruosamente gorda; vai se sentir enjoada, glutona, inchada — todos os sentimentos ruins que puder imaginar. Mas você não ficará monstruosamente gorda com uma dieta de 2 mil calorias por dia. O mais provável é que mantenha o peso em que está. Se for uma bulímica de peso normal, talvez emagreça um pouco, desde que não esteja cometendo excessos. Se for uma anoréxica de peso muito baixo, talvez engorde um pouco.

Tente usar a pessoa que a apóia o máximo possível, especialmente na primeira fase. Compartilhe com pelo menos uma pessoa seu programa e seus humores diários. Permita-se ficar contente com o sucesso de cada dia. Às vezes pode ser divertido estabelecer um sistema de prêmios para medir seu sucesso — por exemplo, uma estrela dourada para cada dia que conseguir manter seu plano.

Por outro lado, não fique desestimulada com os fracassos e retrocessos. Às vezes podemos ter a expectativa de que a recuperação será como o vôo de um Concorde — uma suave trajetória pelo ar. Pelo que tenho visto, no entanto, ela se parece mais com uma trilha custosa, cheia de solavancos e guinadas. O mais importante, porém, é que você percorra o caminho, não que fique um pouco sacudida no processo.

Vejamos agora alguns dos buracos de nossa estrada.

Problemas para as anoréxicas

Talvez o que escrevi até agora sobre como voltar aos hábitos alimentares normais possa me fazer parecer alguém que não tem a mínima idéia de como a tarefa será difícil para você. Mas acho que sei, sim, como será difícil.

O problema é que você estará planejando e organizando um calendário para comer mais comida do que provavelmente comeu por um longo tempo. Não há como evitar o fato de que será difícil. Se fosse fácil, você já teria se recuperado há muito tempo. Entretanto, você disse a si mesma que pelo menos 51% de si mesma quer se curar, portanto você deve ser uma pessoa de grande força de vontade. Use essa vontade de ferro para se ajudar a se recuperar! Alguns livros que poderão ajudá-la estão indicados no final, na seção "Leituras complementares".

Existem algumas situações previsíveis que poderão ser difíceis para você.

1. Você se sentirá fisicamente desconfortável ao comer mesmo uma única refeição e um lanche por dia. Isso se deve ao fato de não estar acostumada a colocar comida em seu estômago — todo o seu sistema digestivo se desacostumou de processá-la. É provável que sinta dores no estômago e abdômen, talvez cólicas e espasmos com câimbras. É quase certo que se sentirá desconfortavelmente cheia e inchada. Comece com alimentos de fácil digestão, como iogurte e mel em vez de pão integral e maçãs. Use também líquidos, como leite e sucos de frutas. Tente pensar em como poderia ajudar alguma amiga ou irmã querida a voltar a comer normalmente e então trate a si mesma com iguais gentileza e compaixão. Em um tempo relativamente curto seu sistema digestivo começará a voltar ao normal.
2. Você ficará tentada a fazer uma refeição durar o dia todo e não comer mais nada. Revista-se de coragem para continuar com seu objetivo de chegar a três refeições e três lanches por dia.

3. Você ficará tentada a fazer substituições para reduzir as calorias das refeições que planejou para si mesma. Continue se lembrando de que você assumiu a responsabilidade por sua cura. Deixe a parte adulta de si mesma tomar conta da criança amedrontada. Tente dizer a ela "Sim, eu sei que você está assustada, mas é para o nosso bem, e você deve confiar em mim para ajudá-la".
4. Você se sentirá com medo, aterrorizada, cada vez que aumentar o número de refeições. Infelizmente, não há como evitar isso. Converse com a pessoa que a apóia: fique colada a seu plano de retornar às alimentações normais. Sua grande força de vontade a ajudará.

Problemas para as bulímicas

Até agora não mencionei o maior problema para as bulímicas: cometer excessos. Não é porque não reconheça a gravidade do problema. No entanto, você tem de começar pensando em uma dieta normal porque sem ela, afinal, não vai conseguir parar com os excessos. Como já disse, o excesso é causado parcialmente por fatores psicológicos e parcialmente por fatores fisiológicos. Não comer o suficiente e ficar sem comer durante muito tempo constituem os gatilhos fisiológicos. A fome devastadora é, pelo menos em parte, a culpada pelo excesso (e é esse o motivo que faz muitas anoréxicas se tornarem bulímicas). Comece ingerindo uma dieta adequada e terá dado pelo menos um passo em direção ao fim da prática de excessos. Alguns livros que poderão ajudá-la estão indicados no final, em "Leituras complementares".

Contudo, além dos fisiológicos, existem os gatilhos psicológicos. Ao não comer normalmente, você cria as condições para um excesso, mas algo acontece que cria em você o sentimento que parece incontrolável — por exemplo, algo faz com que fique zangada, perturbada ou frustrada. Então você recorre à comida como uma maneira de lidar com esses sentimentos, e depois se arrepende e vomita ou toma laxantes.

Para evitar os excessos, você precisa tornar-se mais consciente dos gatilhos psicológicos. Para tanto, observe quando comete excessos e examine o que aconteceu naquele dia, procurando o evento psicológico ou a experiência emocional que a magoou ou perturbou.

Isso é difícil porque todo o propósito da bulimia, como vimos nos Capítulos 3 e 4, é protegê-la de sentir o que sente. Todavia, se praticar, gradualmente se tornará mais consciente do sistema com que opera. Trate a urgência de cometer excessos como um sinal de que alguma coisa aconteceu que a deixou perturbada. Depois, tente usar a pessoa que a apóia para compartilhar esses sentimentos (por telefone se a urgência de cometer excesso for demasiado forte), em vez de agir de acordo com eles.

Alguns terapeutas recomendam ter à disposição uma lista de distrações disponíveis para ajudá-la, no caso de sentir a urgência de cometer excessos, especialmente distrações ativas. Acho que elas podem ajudar a curto prazo, mas, do meu ponto de vista, o problema é que, embora a urgência possa desaparecer por causa da distração, você nada terá aprendido sobre o funcionamento do seu sistema, portanto, nesse sentido, não progredirá muito. Por outro lado, se conseguir descobrir que situações a levam a cometer excessos (por exemplo, pressão no trabalho; brigas/discussões em casa; recordações de antigos sofrimentos e perdas; sentimentos de fracasso e inadequação), então terá mais opções para lidar com essas situações e sentimentos. Use a pessoa de apoio para trabalhar essa questão.

MUDANDO SEUS HÁBITOS DE PENSAMENTO

Esta seção se destina a mudar os hábitos característicos de pensamento que acompanham sua doença. Como anoréxica ou bulímica, você terá desenvolvido um conjunto de maneiras automáticas de pensar, as quais repete muitas vezes por dia e que ajudam a manter seu transtorno alimentar. Talvez você não tenha consciência de estar fazendo isso e pode ficar surpresa ao pensar que está se esforçando bastante para manter seu transtorno alimentar, mas tenho certeza de que é isso que está ocorrendo.

Para se recuperar, é preciso fazer três coisas:

1. Descobrir o que é que você diz a si mesma.
2. Decidir que não quer continuar repetindo essas mensagens.
3. Substituir as mensagens antigas por outras novas.

Eis um exemplo simples desse processo:

1. Toda vez que penso em comer uma refeição normal, digo a mim mesma: "Você não precisa disso; se comer, ficará gorda".
2. Posso ver que essa mensagem não é verdadeira; eu preciso comer e, se comer regular e cuidadosamente, não ficarei gorda.
3. Tentarei substituir essa mensagem antiga dizendo "Eu preciso comer, e comer normalmente não me fará ficar gorda".

Identificando as mensagens

Todos nós falamos conosco mesmos o tempo todo, enviando-nos mensagens de todos os tipos. A sua tarefa agora é identificar que mensagens está repetindo para si mesma sobre comida, peso, silhueta e tamanho. Comece fazendo uma lista do que diz habitualmente a si mesma em relação a essas questões. Apenas ao se imaginar em situações típicas (pesando-se e descobrindo que está 100 g mais gorda, encontrando um amigo e sendo convidada para sair para jantar, acordando de manhã com forme etc.), você provavelmente poderá identificar um bom número delas. Faça uma lista.

Depois comece a se treinar conscientemente a escutar o que diz a si mesma nessas situações. Talvez se surpreenda com a quantidade de vezes em que repete as mensagens. Talvez note como fala dura e grosseiramente consigo mesma. Talvez comece a compreender quanta energia é gasta para manter esse sistema. Acrescente à lista as mensagens que consegue identificar.

Revisando e avaliando as mensagens

Agora você precisa decidir se deseja continuar repetindo essas mensagens. Elas lhe revelarão um sistema de valores baseado em algumas idéias centrais que provavelmente são mais ou menos assim:

- Os alimentos são ruins e perigosos.
- Comer não é permitido; comer é horrível.
- Comer engorda.
- Eu sou gorda e feia.
- Ser gorda é repugnante e desprezível.

O simples fato de registrar essas crenças centrais pode ajudá-la a começar a ver como é limitado seu sistema de valores. Tente também estes outros métodos ao revisá-las:

1. Essas idéias são sempre verdadeiras, em todas as circunstâncias? Quando e em relação a quem podem não ser? Elas seriam verdadeiras para:

- um bebê?
- sua mãe?
- sua melhor amiga?
- seu filho?

2. Em que circunstâncias limitadas e para quem elas podem, algumas vezes, ser verdadeiras?
3. As outras pessoas têm o mesmo sistema de crenças? Completamente? Até certo ponto? Pergunte às pessoas que lhe dão apoio se elas têm o mesmo sistema de crenças.
4. Pense na pessoa que você mais ama no mundo. Quais são as coisas que você ama e valoriza nessa pessoa? Você a ama principalmente porque ela é magra? O que isso significa? Você acha que tem um sistema de valores para si mesma e outro para aqueles que a cercam? Deseja continuar assim?

Seu sistema de valores foi construído lenta e cuidadosamente durante anos. Ele não desaparecerá de imediato apenas porque você começou a identificá-lo e a querer mudá-lo. Como enfatizei em todo o livro, seu transtorno alimentar foi desenvolvido com um propósito. Levará um tempo até você se convencer de que poderá viver sem ele. Tipicamente, as crenças sobre si mesma são as mais difíceis e as mais demoradas de mudar. Odiar a si mesma e pensar que você é horrível e ruim é algo que você tem praticado todos esses anos. Levará tempo para substituir essas mensagens de ódio por mensagens de amor e respeito.

Substituindo as mensagens antigas

Há um livro muito conhecido que talvez você queira ler para ajudá-la nesta parte de seu planejamento: *Você pode curar sua vida*, de Louise Hay (veja mais informações no final deste livro, em "Leituras complementares"). A autora ensina com mais detalhes como afirmar o que é bom e positivo. O sistema é basicamente simples: substituir as mensagens antigas por novas, mais criativas e úteis, que não lhe prejudicarão como as antigas.

Examine a lista que você fez das mensagens antigas e para cada uma delas imagine uma substituta. Assim, por exemplo:

- "Comer é horrível" pode ser substituída por "Comer é necessário".
- "Fazer as refeições normais vai me engordar" por "Fazer as refeições normais vai evitar que eu coma em excesso".
- "Sou gorda e feia" por "Estou muito bem do jeito que estou".

Esse passo pode ser extremamente difícil, em especial porque você não acreditará nas novas mensagens. É disso que muitas pessoas reclamam ao começar a terapia cognitiva. As mensagens antigas *parecem* verdadeiras, portanto é fácil continuar a repeti-las. As novas provavelmente soam tolas e mentirosas. Mas lembre-se de que estamos falando aqui mais de hábitos do que de sentimentos. Você está se treinando para ter um novo conjunto de pensamentos automáticos. Pense no quanto é complicado quando, por exemplo, seu telefone muda de número; o antigo número continua aparecendo em sua mente e é preciso um verdadeiro esforço para se treinar a lembrar o novo número. A repetição automática de seu sistema de crenças sobre alimento, peso, silhueta e tamanho inevitavelmente vai precisar de um tempo para mudar.

CONHECENDO-SE MELHOR

Estou convencida de que a maneira como somos e a maneira como nos comportamos se desenvolveram por razões muito boas. Não acredito que nenhum de nós toma atitudes que não façam algum sentido. Nossa lógica nem sempre é fácil de entender, mas, pensando, vamos descobrir que o que fazemos tem um sentido perfeito de acordo com o nosso sistema lógico individual.

Você, como uma pessoa com um transtorno alimentar, já está familiarizada com essa idéia. Afinal, se for anoréxica ou bulímica, tem sido cercada por pessoas que lhe dizem que sua dieta de fome ou seus excessos não fazem sentido. No entanto, para você, faz todo o sentido do mundo. Para você, com seu apavorante medo de engordar, parece absolutamente lógico usar a comida como tem feito. Porém, se leu este livro até aqui, terá pelo menos a suspeita de que há alguma coisa errada com sua lógica.

Eu gostaria de sugerir que há um conjunto mais profundo de razões relacionadas com sua história pessoal, sua família, seu meio social e cultural, e que levou a fazer sentido desenvolver um transtorno alimentar. Para você, em sua situação, um transtorno alimentar era uma maneira de enfrentar algum problema e lidar com ele, como discutimos nos Capítulos 3 e 4. Não era apenas um meio de enfrentar a situação; para você era o melhor meio naquelas circunstâncias. Você precisou de seu transtorno alimentar naquele momento. O fato de agora você querer se livrar dele sugere que já não tem a mesma grande necessidade que tinha antes.

Nas duas seções prévias deste capítulo, descrevi como você pode ir mudando seu comportamento alimentar e suas atitudes em relação à comida e ao seu corpo. Nesta seção, sugiro como começar a entender por quê você precisou de um transtorno alimentar. A questão aqui não consiste somente em amarrar as pontas soltas de algum tipo de investigação histórica; diz respeito a ajudá-la a ter mais consciência, no presente, do que teve que enfrentar e como precisa se cuidar agora, de modo a não mais precisar de um transtorno alimentar no futuro. Também pretendo ajudá-la a ver que, ao desenvolver um transtorno alimentar, você estava tentando proteger a si mesma e que isso fazia todo o sentido naquelas circunstâncias. Se você se permitir entender isso, provavelmente poderá se sentir muito mais compreensiva consigo mesma.

No entanto, nem todo mundo quer ou consegue conduzir esse tipo de exploração ou investigação. Depende de você decidir até aonde deseja ir com as várias estratégias sugeridas e empregar as que lhe pareçam melhores. Cabe também a você a decisão sobre o momento mais adequado. Os exercícios seguintes podem ser usados quando e se parecerem apropriados e possíveis para você.

Eventos importantes na sua vida

Pode ser que você se lembre de que no Capítulo 3 listei acontecimentos importantes que aparentemente haviam desencadeado os transtornos alimentares em meus pacientes. Este é um bom momento para começar uma pesquisa sobre que acontecimento importante pode ter contribuído para o desenvolvimento de *seus* problemas. Aqui está um exercício que você pode fazer para ver o que consegue descobrir.

Pense em quando seu transtorno alimentar de fato começou a ser um problema para você. Muitas pessoas com transtornos alimentares podem traçar suas dificuldades com a comida desde muito tempo atrás; com freqüência, porém, há um momento que pode indicar com mais exatidão quando a situação realmente piorou. Para uma anoréxica, será provavelmente a primeira perda de peso significativa; para uma bulímica, o começo de um padrão de excessos e vômito, mesmo que isso acontecesse ocasionalmente antes.

Quando você determinou esse período, que pode ser de vários meses, pense sobre o que estava acontecendo na sua vida nessa época ou um pouco antes. Se nada lhe vier à mente imediatamente, pense nas diferentes áreas de sua vida e o que estava acontecendo em cada uma delas:

- Família
- Relacionamentos
- Amigos e vida social
- Escola/colégio
- Trabalho

É provável que você seja capaz de identificar algum grande acontecimento em sua vida que tenha causado muita emoção (boa ou má) e que de alguma forma provocou uma mudança significativa. Se puder identificar tal evento, tente trabalhá-lo, fazendo a si mesma as seguintes perguntas:

1. Faz sentido para mim que eu possa ter começado um transtorno alimentar como reação a tal acontecimento?
2. Que sensações foram despertadas em mim por esse acontecimento? Em particular, que sentimentos contraditórios, por exemplo, felicidade/ansiedade, raiva/medo, prazer/vergonha?
3. Havia alguém com quem eu pudesse compartilhar esses sentimentos naquela época?
4. Será que eu estava tentando lidar com um acontecimento ou uma situação sem ter ajuda suficiente? Será que hoje eu esperaria que uma criança ou um jovem pudesse ser capaz de lidar com tal situação naquela idade?

Ao tentar responder a essas perguntas e explorar esse acontecimento ou situação crucial, pense em usar o apoio de que dispõe de duas maneiras. Primeiro, para ajudá-la a descobrir mais. Por exemplo, se houve algum outro acontecimento importante em sua família, como outras pessoas foram afetadas e como isso, por sua vez, pode ter afetado você. Por exemplo, o pai de uma jovem morreu subitamente de um ataque do coração quando ela estava com dezessete anos. Isso já foi ruim, mas a mãe dela também foi severamente afetada pela morte do marido e ficou deprimida, de forma que foi incapaz de dar o apoio necessário à filha. Esse é o tipo de informação que pessoas que já eram adultas na época do acontecimento podem ser capazes de lhe fornecer, mesmo que você não consiga lembrar-se. Pense nos membros da sua família (especialmente aqueles com quem tem uma ligação secundária, como tias, tios e primos), vizinhos, professores ou amigos da família como fontes potenciais de ajuda. Você pode se surpreender com o que as pessoas lhe contarem, como viram e compreenderam que as coisas eram difíceis para você.

Em segundo lugar, use seu apoio para conversar sobre esse acontecimento tanto quanto possível. Afinal, é provável que você nunca tenha expressado para ninguém os sentimentos que teve na época, e que estes ainda estejam trancados dentro de você. Permita-se chorar e ficar com raiva, triste e desapontada, ou seja lá que sentimentos forem.

Tente realmente se permitir *compartilhá-los* com alguém. Haverá a tentação de tentar fazer tudo por conta própria, mas isso foi o que fez até agora e foi demasiado para você. Desta vez proporcione a si mesma a simpatia, a escuta e a compreensão que não teve antes.

Espere sentir mais que uma sensação. Espere ter sentimentos opostos e contraditórios. Não raro são essas contradições que tornam difícil expressar o que sentimos em primeiro lugar, especialmente se tivermos vergonha de algum desses sentimentos. Por exemplo, no caso que citei, a garota cujo pai morreu estava desesperadamente triste por ele ter morrido, mas também, em algum lugar dentro dela, estava aliviada porque o pai era um homem difícil e muito irritadiço. Outra parte dela sentia-se culpada por ter sido uma adolescente difícil e teimosa e por ela e o pai terem discutido muito; ela imaginava se todo esse estresse e tensão não teriam contribuído para sua morte. Tal combinação de sentimentos não é fácil de ser admitida, mas é realmente bastante compreensível. Se estes forem expressos para alguém, não parecerão mais tão terríveis e vergonhosos.

Você realmente tem que trabalhar muito para extrair os sentimentos desse acontecimento. Use tudo em que puder pensar para se aproximar dele: fotografias, diários, lembranças de outras pessoas. Desenhe-o, pinte-o, represente-o, dance e escreva sobre isso. Dê-lhe a importância e a atenção que nunca recebeu de você ou de outra pessoa antes. Deve ter sido importante, pois você precisou de um transtorno alimentar para lidar com ele. Pense no que está fazendo agora como uma maneira melhor de lidar com os acontecimentos e as situações difíceis que encontramos pela vida.

Não espere que este processo seja fácil e alegre. Se fosse, você o teria levado a cabo muito antes. Considere-o um trabalho emocional necessário; pense nele como lições que lhe permitem conhecer seus sentimentos. Coloque nisso toda a energia, determinação e perseverança que usou para sustentar seu transtorno alimentar até agora. Tenha certeza de que aprenderá muito sobre si mesma só por fazer isso e provavelmente sentirá um alívio considerável ao lidar de forma ativa e direta com algo que foi muito importante para você.

Sua vida

O exercício seguinte pretende ajudá-la a ver como sua vida tem sido, deixar que você conte sua história. Pode ser que você não tenha sido capaz de identificar um acontecimento ou circunstância específico que tenha provocado seu transtorno alimentar. Neste caso, este exercício pode ajudá-la a perceber o estresse acumulado com que teve de lidar e por que você teve que usar mal a comida para enfrentar isso. Você pode achar que já conhece a história da sua vida, mas acredito que descobrirá, nos termos de sua história emocional — como as coisas a afetaram, como se sentiu —, que não se permitiu saber como as coisas realmente foram para você.

Uma vez mais, este não será um exercício que lhe proporcionará alegria porque irá provocar todo tipo de sentimentos difíceis e lembranças. E, mais uma vez, você deverá fazê-lo quando sentir que é o momento certo. Um exercício como este pode demorar meses. Novamente, faça uso de seus apoios para conversar sobre isso o máximo que puder. Seu objetivo é descobrir os sentimentos e expressá-los. Para isso, é necessário um ouvinte e companheiro para que você não sinta o trauma de novo sozinha.

A tarefa é criar sua autobiografia, utilizando suas lembranças e a ajuda de quem quer que esteja disponível. Existem várias maneiras de fazer isso e você deverá escolher ou inventar a que melhor se adapte a seus talentos. Na lista a seguir você encontrará formas que vi pessoas adotarem para fazer este exercício. Você pode querer usar uma delas, ou partes de algumas, ou descobrir a sua própria maneira.

1. **Um diário** — Você pode escrever sua autobiografia determinando capítulos para diferentes idades e descrevendo o que aconteceu naquela época.

    Lembre-se: o sentido disso é descobrir os sentimentos envolvidos no que aconteceu, a fim de que possa discutir um por vez com seu apoio e usar a oportunidade para expressar seus sentimentos. Portanto, não estamos apenas falando do seu irmão que nasceu, ou da mudança de casa, mas como você *se sentiu* a respeito desses acontecimentos. Foi isso que você teve de esconder, até de si mesma, e é fundamentalmente importante que não repita o mesmo procedimento.

As fotografias podem ser boas ilustrações para esse diário; você também pode desenhar ou pintar. Essa maneira de criar a autobiografia é muito adequada para pessoas que gostam de escrever e podem curtir a sensação de criar um livro seu.

2. **Uma linha da vida** — Outra maneira de elaborar um relato escrito é traçar a história de sua vida ao longo de uma linha marcada por sua idade. Pode ter a forma de anotações, pode ser ilustrada com palavras ou cores para mostrar os sentimentos.

Uma pequena seção pode ser mais ou menos assim:

8ª série
Gostava de inglês e português.
Odiava história (dona Leda, argh!).
Namorava Rodrigo — 6 meses.
O final foi horrível.   Fazendo vestibular.
Meus pais tiveram problemas financeiros.   Queria/não queria sair de casa.
17 ────────────────────────────── 18 ──────────────
com raiva   ansiosa   assustada
deprimida   assustada   excitada
                       chateada   ansiosa
            interessada, entediada, ansiosa, feliz

Se adotar esse formato, precisará de mais tempo com seu apoio para poder explicar o significado de suas anotações e descrever com maiores detalhes o que estava se passando e o que você estava sentindo.

3. **Desenho e pintura** — Se gosta de usar cores e formas (ainda que não seja boa no desenho técnico), esta

pode ser uma boa maneira para representar tanto o acontecimento como seus sentimentos. Pode ter a forma de um "quadrinho", ou pode ser como uma peça de tecido com diferentes padrões. Inclua palavras, se quiser, fotografias, ou o que lhe parecer útil.

Aqui você precisará de muito mais tempo com seu apoio, para dividir e explorar o que fez, bem como para "traduzir" a linguagem dos desenhos em palavras. Isso é necessário não por causa da outra pessoa, mas por você mesma. Você precisa da experiência de compartilhar sua vida e seus sentimentos com alguém; assim descobrirá que não tem de arcar com tudo sozinha.

4. **Música ou dança** — Se você gosta particularmente dessas maneiras de se expressar, use-as para compartilhar sua história. Pense na música e na dança como uma ponte ligando os sentimentos que você nunca compartilhou às palavras com as quais pode permitir que outra pessoa a conheça, de modo a se conhecer melhor.

Seja como for que faça — você também pode descobrir outra maneira particular —, o propósito é alcançar uma maior consciência de sua própria história emocional e compartilhar e desenvolvê-la com a pessoa que a está apoiando. É muito provável que fique muito mais claro para você o motivo pelo qual precisou de um transtorno alimentar.

Sua família

Ao avaliar sua história emocional e sua vida, inevitavelmente você terá de pensar sobre sua família e como ela funcionava. Nesta seção faço algumas sugestões sobre como pensar mais profundamente a respeito de sua família e de como ela pode tê-la afetado.

1. A primeira e mais óbvia maneira é compartilhar com sua família o que está fazendo para criar sua autobiografia. Numa situação ideal, deveria ser possível compartilhar tudo com todos, porém isso é pouco provável. Em vez disso, escolha primeiro os pedaços que parecem mais fáceis, e quem é mais provável que seja capaz de ouvir ou de querer escutar o que você tem a dizer e, por sua vez, dizer como foram as coisas para eles. Você pode ter vindo de uma família na qual não se tem o costume de fazer isso, portanto é provável que pareça estranho e perigoso, mas talvez você se surpreenda com as respostas que obterá.
2. Volte ao Capítulo 3 e veja como a dinâmica da família de Elaine foi descrita por meio da divisão de quem podia expressar que tipo de sentimentos. Tente elaborar um esquema equivalente para sua família. Você também pode fazer isso designando os papéis que eram desempenhados pelos vários membros da família, por exemplo, vítima, pessoa forte, delinquente, pessoa má, pessoa impotente, o presidente, e assim por diante, lembrando-se de que as pessoas muitas vezes desempenham vários papéis.

Toda essa temática é tratada no livro de Skynner e Cleese, *Families and How to Survive Them* (mais detalhes em "Leituras complementares", no final deste livro). Às vezes, os familiares são corajosos o bastante para ler este livro juntos como um meio de discutir o que aconteceu. É dessa maneira que sua doença pode se constituir em uma oportunidade de crescimento para todos em vez de uma tragédia para você.

Com relação a você e a seu transtorno alimentar, entretanto, seu objetivo é tentar entender especificamente por que foi necessário, em meio a sua vivência familiar, desenvolver um transtorno alimentar para conseguir lidar com seus sentimentos.

O que aconteceu, é o que você quer saber, para que não pudesse expressá-los de maneira mais óbvia e aberta? Discuta suas idéias com seu apoio.

Seu relacionamento com a comida

Outra área a ser explorada é por que, para você particularmente, o alimento ganhou tais importância e poder emocional. Isso também pode se relacionar com sua história. Tente fazer o exercício seguinte a fim de descobrir o que a comida significou para você à medida que crescia.

Pense em como a comida foi usada em sua família e faça a si mesma as seguintes perguntas:

1. Quanto dinheiro, tempo e esforço eram gastos com os alimentos e sua preparação? Havia tensão e dificuldades nessa área?
2. Quem preparava a maior parte das refeições? Que sentimentos essa pessoa tinha sobre isso?
3. Como eram as horas das refeições? Eram ocasiões de prazer, relaxamento, curtição, tensão, discussão, agressão?
4. Como era a dinâmica da família durante as refeições? As pessoas desempenhavam seus papéis usuais?
5. A comida era usada como ameaça, arma ou punição? Ou era usada como conforto, prêmio ou chantagem?
6. Havia regras sobre o acesso aos alimentos entre as refeições? Quem elaborava essas regras? Elas faziam sentido nas circunstâncias familiares? Eram usadas para outros propósitos emocionais?

Tente compartilhar e comparar os resultados com a pessoa que a apóia. Todos achamos que a maneira como nossa família se comportava diante dessas situações era a única possível; por isso, pode ser uma grande surpresa descobrir o leque de possibilidades.

Passe algum tempo examinando como essa maneira de sua família lidar com a comida pode tê-la afetado. Talvez se surpreenda ao descobrir que está repetindo os padrões e as atitudes que aprendeu com eles. Você está procurando as raízes de sua atitude atual em relação à comida.

Seu relacionamento com seu corpo

Nós não temos existência fora de nosso corpo; não há um "eu" que possa ser destacado de meu corpo. De fato, as pesquisas sugerem que, quando crianças, a consciência que temos de nós mesmos é a consciência de nosso corpo. Portanto, é muito interessante e importante examinar como você chegou a esse atual sentimento de desprazer e não-aceitação de seu corpo. Onde você aprendeu isso? Faça a si mesma as seguintes perguntas:

1. Que atitude sua mãe/família tinha em relação ao seu corpo quando você tinha as seguintes idades:
   - 0-5?
   - 5-10?
   - 11-15?

   O que você acha que aprendeu sobre si mesma e seu corpo como conseqüência?
2. Como você descobriu a puberdade e a menstruação? Como eram seus sentimentos a respeito?
3. Quando você acha que tomou consciência pela primeira vez de seu corpo e de como ele era? Quais eram seus sentimentos por ocasião dessa primeira lembrança?
4. Como você se sentia a respeito de sua aparência em relação a seu grupo de amigos?

5. Que importância teve para você a exigência cultural de ser magra? Quando se tornou consciente disso?

Ter um transtorno alimentar pressupõe ódio e ataque a seu corpo; livrar-se desse transtorno implica aprender a não mais fazer isso e, ao contrário, aceitar seu corpo e cuidar dele. Se você puder descobrir de onde vem todo esse ódio, terá mais liberdade para escolher se deseja continuar agindo assim. Use a pessoa de apoio para discutir essas questões e também para comparar a experiência.

CAPÍTULO 6

Ajuda profissional

No capítulo anterior apresentei algumas idéias sobre como uma pessoa com transtorno alimentar pode começar a trabalhar sua recuperação. Como saber quando isso é possível e quando seria melhor procurar ajuda profissional?

1. O primeiro critério, e o mais importante, é o que você, a doente, acha que conseguirá fazer e o que deseja. Se, ao ler o capítulo anterior, você se sentiu energizada, estimulada e otimista, então tem a melhor base possível para trabalhar consigo mesma. Se, no entanto, sentiu que era difícil demais e não teve energia para tentar, e ele só a fez se sentir deprimida e sem esperança, talvez deva procurar alguma ajuda profissional.
2. A segunda questão a considerar cuidadosamente é quanto apoio você conseguirá se for tentar sozinha. A dificuldade subjacente em seu caso é que você não teve apoio suficiente no passado. É importante não repetir o trauma original tentando lidar com tudo sozinha outra vez. Ao ler o Capítulo 5, você deve ter compreendido que precisa de alguém que possa reservar tempo e espaço para ajudá-la a avançar no processo de recuperação. Essas pessoas precisam entender o que você está lhes pedindo e devem ser fortes o suficiente para agüentar seu sofrimento e suas dificuldades. Se não puder encontrar uma pessoa assim, então provavelmente precisará de ajuda profissional.

3. Se esteve doente muito tempo, e está fisicamente ruim e correndo risco, e/ou se seus padrões de mau uso da alimentação e pensamento anoréxico/bulímico estão profundamente entranhados, então você precisa de ajuda profissional. Nessa situação, você pode não ser capaz de pedir ajuda por si mesma, e outra pessoa, geralmente de sua família, fará isso por você.
4. Se você tem outros problemas, sejam físicos como diabetes ou gravidez, ou psicológicos, como dependência de álcool ou drogas, então precisa de ajuda profissional.

O que a ajuda profissional pode lhe oferecer

Às vezes se fala da ajuda profissional como se fosse um tipo milagroso de intervenção que num toque de mágica e sem dor cura a doente. Suponho que isso é o que todos secretamente desejamos: cura indolor. Contudo, não existem milagres e o processo de recuperação tem de ser trabalhado e sofrido até o fim por você e os que lhe estão próximos, quer você tenha ou não ajuda profissional. O preço da recuperação é enfrentar o sofrimento.

No entanto, o que a boa ajuda profissional pode oferecer é um cenário mais sólido e um apoio mais forte do que, no geral, a pessoa pode estabelecer por si mesma. A ajuda oferecida abarcará mais ou menos as linhas descritas a seguir.

CONTROLE DO COMPORTAMENTO ALIMENTAR

Quer seja um paciente internado ou se tratando em casa, e dependendo de quão doente estiver, outra pessoa vai lhe pesar ou perguntar quanto você pesa, desempenhando uma parte ativa na tentativa de mudança de seus padrões alimentares. Em especial no começo, e se seu peso estiver perigosamente baixo, isso muitas vezes pode ser um grande alívio — outra pessoa está tendo pelo menos parte da responsabilidade de garantir que você seja alimentada de modo adequado. A tarefa de cuidar de si mesma, de atender a suas necessidades sozinha tem sido demasiado para você e agora alguém irá ajudá-la. Esse aspecto do cuidado hospitalar com freqüência constitui um grande alívio para as famílias que estão no fim de suas forças e assustadas com a situação da doente.

Certamente, não é assim tão simples. Como já expliquei, seu transtorno alimentar tem sido sua maneira de enfrentar uma situação, você precisou dele e, enquanto ainda sentir que precisa, não vai querer renunciar a ele. A melhor ajuda profissional reconhecerá a importância, para você, de seu transtorno alimentar. Um profissional assim não vai forçá-la a um programa de realimentação com grande número de calorias; tentará encontrar e estimular a parte de você que deseja se recuperar e sabe que precisa mudar a maneira como usa a comida. Porém, quanto mais doente você estiver, tanto física quanto psicologicamente, menos será capaz de achar essa parte saudável e alimentadora. Em conseqüência, a ajuda profissional terá uma parte proporcionalmente maior na responsabilidade de alimentá-la.

No seu extremo, para anoréxicas e bulimaréxicas, isso significará ser alimentada através de uma agulha na veia. A próxima medida mais extrema envolve ser alimentada por um tubo que passa por seu nariz e desce por sua garganta até o estômago. Mas nenhuma dessas pode ser uma solução de longo prazo — são medidas de emergência. Elas serão seguidas por uma combinação de dieta líquida e um pouco de comida de verdade, e depois por uma dieta geralmente de 3 mil calorias diárias. Isso resultará em seu peso sendo aumentado em aproximadamente 1 kg por semana. Alguns médicos atualmente acham que isso é rápido demais e adotarão um procedimento que gera um aumento de peso de 225-450 g por semana.

Como seu transtorno alimentar lhe era necessário, tudo isso será extremamente assustador. Ainda que não esteja com um peso baixo, mas se está gravemente bulímica, o regime de refeições regulares e controladas poderá ser aterrorizante.

Nessas circunstâncias, seja anoréxica ou bulímica, é mesmo muito fácil para você esquecer por completo a sua parte que deseja viver, deseja se curar, deseja ficar boa. É muito fácil se tornar 100% anoréxica e bulímica e ver a ajuda que lhe está sendo oferecida como uma tentativa de destruir o que lhe é mais precioso e necessário. Se é assim que lhe parece, então, com certeza, você resistirá.

Essa resistência — e a maneira como se lida com ela — é o aspecto mais difícil do programa físico de recuperação; é também a fonte de inúmeras histórias de horror sobre o tratamento hospitalar das doentes. No pior dos casos, o médico e a paciente ficam presos em uma raivosa e destrutiva batalha que termina com a paciente dispensando o médico ou o médico a deixando. É extremamente difícil continuar contatando a parte em você que deseja ajuda. Também é bastante difícil para os profissionais da saúde lembrarem que você está muito assustada e muita zangada, e que eles devem ser muito pacientes.

No final das contas, é você quem tem de encontrar a sua parte que reconhece a necessidade de comer normalmente, porque ninguém mais pode fazer isso por você. As mortes trágicas de anoréxicas e bulímicas ocorrem quando já não foi possível para a doente e para ninguém mobilizar essa parte saudável.

Existem dois métodos para tentar superar sua resistência a comer normalmente em um ambiente hospitalar, e ambos estão se tornando menos comuns à medida que os médicos se esforçam cada vez mais para encontrar a parte saudável e responsável em você. A primeira é mantê-la sob estrita vigilância de modo a assegurar que não destruirá a comida que deve comer, ou que continuará com o padrão de vômito ou abuso de laxantes. Geralmente, isso significa ter uma pessoa com você enquanto come e por pelo menos a hora seguinte, inclusive acompanhando-a ao banheiro. O segundo método é instituir um sistema de prêmios por fazer o que deve fazer: ganhar peso e/ou parar de vomitar e usar laxantes. Isso significa que sua vida no hospital será organizada em torno de receber privilégios como poder sair da cama e ir ao banheiro, vestir-se, deixar o quarto, dar telefonemas, receber visitas etc.

Se estiver sendo tratada em casa, está se supondo, depois de ter sido discutido com você, que lhe é possível (e freqüentemente para sua família) encontrar uma maneira de lidar com sua resistência à recuperação sem ser necessária uma internação.

Às vezes, pessoas com transtornos alimentares são tratadas como pacientes diurnos de uma unidade hospitalar, para proporcionar um certo grau de responsabilidade. Sua família poderá ser chamada a colaborar, por exemplo, para providenciar refeições específicas em horas determinadas para você.

Quanto mais confiança os profissionais tiverem em sua capacidade de usar a parte de você que quer melhorar, mais responsabilidades lhe darão para administrar sua própria resistência. Por exemplo, você poderá ser solicitada a colaborar na elaboração de um plano de refeições para si mesma, dadas algumas linhas gerais de como lidar com os problemas, e depois passará por consultas regulares para monitorar como está administrando o processo.

ABORDAGENS COGNITIVAS PARA SEU TRANSTORNO ALIMENTAR

O segundo ingrediente em qualquer abordagem profissional a um transtorno alimentar é a exploração e a discussão de suas idéias sobre comida, peso, silhueta e tamanho. O objetivo é mostrar-lhe, no nível do senso comum, racional, que suas idéias sobre esses assuntos são equivocadas. Provavelmente isso cobrirá as mesmas áreas que foram mencionadas neste contexto no Capítulo 5: comportamento alimentar, imagem corporal e auto-estima.

ABORDAGENS PSICOTERAPÊUTICAS PARA SEU TRANSTORNO ALIMENTAR

Em acréscimo a esses dois elementos de terapia comportamental e cognitiva, os melhores programas de recuperação incluirão uma abordagem completa da sua história emocional, a expressão de seus sentimentos e seu desenvolvimento como pessoa. Muitos profissionais acreditam hoje que esses elementos devem combinar um com o outro; assim, por exemplo, um programa de aumento de peso deve ser lento e em etapas, a fim de permitir que você desenvolva maneiras de ter alternativas enquanto o executa.

Num contexto hospitalar, essa abordagem de três partes distintas será conduzida por pessoas diferentes, mas, quanto menos doente você estiver, mais provável será que esses três elementos de um programa de recuperação sejam coordenados por uma pessoa. Um psicoterapeuta com consultório particular, por exemplo, especializado em transtornos alimentares, incluirá esses elementos na terapia.

Alguns psicoterapeutas não dão atenção nenhuma às abordagens comportamental e cognitiva. Entretanto, são profissionais que não têm um índice de sucesso muito alto, de forma que você deve questionar isso na avaliação inicial ou entrevista. É preciso que as realidades de seu comportamento alimentar e seus aspectos compulsivos/obsessivos sejam considerados muito seriamente, a menos que você já esteja bem adiantada no caminho da recuperação e possa lidar com esses aspectos por si mesma.

Há terapeutas cognitivos que não julgam necessário um elemento psicoterapêutico no programa de recuperação. A terapia cognitiva, por exemplo, tem índices de sucesso muito altos no tratamento da bulimia. Posso compreender que a terapia cognitiva pode mudar as atitudes em relação a comida, peso, silhueta e tamanho. Porém, é mais difícil perceber como cuidam do desenvolvimento pessoal.

Os pontos de que a psicoterapia trata são aqueles discutidos nos Capítulos 3 e 4 e na seção "Conhecendo-se melhor", do Capítulo 5: a relação que você tem com sua própria história, sua família e sua vida. A ajuda profissional tentará fazê-la entrar em contato com os sentimentos que você tem sobre esses pontos.

A relação terapêutica

A psicoterapia está baseada na convicção de que precisamos de um relacionamento com alguém para poder enfrentar os assuntos emocionalmente difíceis de nossas vidas. Se, por qualquer razão, nossas famílias não proporcionaram ou não podem desempenhar esse papel suficientemente bem, então precisamos de ajuda adicional. As pessoas geralmente a encontram entre aqueles que estão a seu redor. No capítulo anterior enfatizei a necessidade de apoio para que possam ter a força e a coragem de examinar todas as coisas que as perturbam. O trabalho de um terapeuta é o de ser essa pessoa quando não houver ninguém em sua vida que possa assumi-lo: escutar, aceitar, compreender, ajudá-la a ver quem você é e, às vezes, desafiá-la.

Em uma boa relação terapêutica você chegará a acreditar e confiar no terapeuta de tal forma que se sentirá suficientemente segura para ser mais aberta sobre si mesma do que jamais foi antes. Se você tem um transtorno alimentar há anos, haverá todo tipo de coisas que necessitará processar e lidar. Muitos terapeutas consideram atualmente que um transtorno alimentar suspende o desenvolvimento emocional; portanto, enquanto você se recupera, terá de atualizar várias coisas.

Eu não acredito que esse processo possa se concretizar em algumas semanas. Não faz sentido para mim que uma pessoa que sofreu de um transtorno alimentar dos quinze aos vinte anos possa se recuperar dele em seis meses. Acho que o comportamento alimentar até pode mudar com essa rapidez, o que freqüentemente é um enorme alívio, em especial para as bulímicas, mas é preciso mais tempo para as mudanças mais profundas. Tenha isso em mente quando procurar ajuda.

Você deve também lembrar-se de que qualquer terapia deve ser tão boa quanto o relacionamento com o terapeuta. Quando estiver sendo avaliada por um terapeuta, lembre-se de que também estará avaliando aquele profissional, e principalmente fazendo um julgamento a respeito da possibilidade de começar a compartilhar com ele ou ela as coisas que a perturbam.

TERAPIA FAMILIAR

Já que tantas pessoas com transtornos alimentares são jovens e ainda vivem com sua família ou estão profundamente envolvidas com ela, muitos programas de recuperação oferecem terapias familiares que tentarão explorar o que estava acontecendo no meio familiar que levou a doente a desenvolver um transtorno alimentar.

É preciso muita coragem para uma família permitir que um estranho observe o que acontece em seu âmago, mas potencialmente acho que uma mudança na dinâmica familiar e nos seus relacionamentos é o resultado mais criativo de um transtorno alimentar. Afinal, se a paciente se recupera, então a dor de uma pessoa terá sido resolvida; se toda a família passa a ficar bem, então um enorme benefício potencial é gerado para muitos.

TERAPIAS COM ARTE

Como acentuei no decorrer deste livro, o problema central tanto na anorexia como na bulimia é a dificuldade de perceber e expressar sentimentos. Muitos terapeutas acreditam que expressões não-verbais de sentimentos são úteis no desenvolvimento de pontes que levem a doente a uma maior habilidade para expressar seus sentimentos com mais liberdade e com palavras. Artes, drama, música e dança são, hoje em dia, freqüentemente incluídos em programas profissionais de recuperação. Para a anoréxica ou a bulímica que não possuem o hábito de nomear ou expressar sentimentos, pode ser muito útil.

NO CAMINHO DA RECUPERAÇÃO

Se você decidir que quer tentar recuperar-se, com ou sem ajuda profissional, vai precisar de toda a força e coragem que tiver. Por outro lado, é provável que saia desse processo como uma pessoa mais forte e com melhor compreensão de si mesma. Terá aprendido muito, desenvolvido maior capacidade de assumir responsabilidades consigo mesma, crescido como ser humano. O processo de recuperação também pode proporcionar a oportunidade para iniciar a longa caminhada para tornar-se quem você pode ser, transformando-a e desenvolvendo seu potencial de forma que poucos de nós fazemos.

Ninguém empreende mudanças profundas só porque parece ser uma boa idéia; nós mudamos porque não suportamos mais ser como somos.

Se a dor de seu transtorno alimentar a está levando a mudanças, certamente você está sofrendo. Esse sofrimento pode também lhe proporcionar a energia de que precisa para cuidar de sua própria vida com as duas mãos.

Leituras complementares

Os seguintes livros são sugeridos para leituras complementares:[*]

Bruch Hilde, *The Golden Cage: The Enigma of Anorexia Nervosa*, Open Books Publishing.

Embora não seja um livro novo, é muito interessante porque a autora foi a primeira a descrever a anorexia como uma doença que se desenvolve dentro de um sistema familiar que não permite a expressão dos sentimentos. O sistema por ela descrito é o da família de classe média próspera que controla todos os aspectos da vida de uma jovem, e assim a anorexia se torna para ela a única possibilidade de escapar.

Buckroyd, Julia, *Eating Your Heart Out*, Optima.

Neste livro, descrevo os vários significados emocionais que os transtornos alimentares podem ter e os tipos de traumas pessoais e pressões sociais que os provocam. A última parte do livro apresenta idéias a respeito de como a pessoa portadora de um transtorno alimentar pode começar a trabalhar para seu desenvolvimento emocional.

Cooper, Peter J., *Bulimia Nervosa: A Guide to Recovery*, Robinson Publishing.

Uma ferramenta valiosa para as bulímicas que procuram abordagens cognitivas e comportamentais a fim de retomar a alimentação normal e se curar. Dois terços deste livro são dedicados a estratégias de auto-ajuda para recuperação.

---

[*] No caso de livros já publicados no Brasil, colocamos apenas o título da obra em português, com sua respectiva editora.

Dana, Mira e Marilyn Lawrence, *Women's Secret Disorder: A New Understanding of Bulimia*, Grafton Books.

Este é um livro particularmente útil para quem deseja entender os significados pessoais e culturais da bulimia. As autoras estão especialmente interessadas na classificação da mulher bulímica em "boa" e "má" e em como essa divisão pode ser resolvida para que a mulher se aceite melhor e se integre mais. Objetivando desvendar por que as mulheres sofrem mais de transtornos alimentares do que os homens, exploram a idéia de que as mulheres, mais do que nunca, estão sendo chamadas a ter um desempenho maior no mundo e, ao mesmo tempo, estão carentes de auto-estima e do tipo de confiança que as capacitariam a desenvolver seu potencial com menos angústia. Também dedicam um capítulo a dicas de como organizar um grupo de auto-ajuda.

Dolan, Bridget e Inez Gitzinger, *Why Women: Gender Issues and Eating Disorders*, Athlone Press.

"A anorexia nervosa e a bulimia são os únicos transtornos psicológicos que são específicos à cultura ocidental e às mulheres." Este livro aborda as razões que conduzem a essa constatação e o que isso significa. O tema é tratado a partir de várias perspectivas, incluindo a família e o indivíduo e a importância das questões socioculturais. É um livro acadêmico que não se destina ao público em geral, mas de qualquer maneira constitui uma importante e interessante contribuição ao debate.

Dryden, Wendy e Colin Feltham, *Counselling and Psychoterapy: a Consumer's Guide*, Sheldon Press.

Descreve as várias terapias disponíveis e pode ajudar a leitora a decidir qual é a mais adequada para cada caso.

Duker, Marilyn e Roger Slade, *Anorexia Nervosa and Bulimia: How to Help*, Oxford University Press.

Um livro excelente mas bastante técnico, dirigido a profissionais. Cobre, com detalhes, muitas das questões tratadas por mim aqui. Boa leitura complementar, especialmente para quem deseja ajudar.

Eichenbaum, Luise e Susie Orbach, *Afinal, o que querem as mulheres*, Record.

Este livro discute como as mulheres adquirem as incertezas psicológicas e as inseguranças que são tão comuns entre nós. A abordagem das autoras se centra na criação das garotas no seio da família, especialmente no relacionamento entre mãe e filha. É descrito como a experiência da mãe de não ter satisfeitas suas necessidades emocionais cria um padrão que se repete na geração seguinte com sua filha.

Hay, Louise, *Você pode curar sua vida*, Best Seller.

Um clássico da literatura de auto-ajuda. Vale a pena ler.

Maine, Margo, *Father Hunger*, Simon & Schuster.

Este livro aborda o relacionamento entre pais e filhas adolescentes como uma das raízes dos transtornos alimentares. A autora descreve como as necessidades masculinas de separação e auto-realização vão de encontro às necessidades femininas de conexão e relacionamento. A adolescente procura aprovação e aceitação por parte do pai; o fracasso dela em suprir tais necessidades gera uma "fome de pai" e leva ao transtorno alimentar. A autora dá algumas sugestões de como os pais podem melhorar seu relacionamento com as filhas.

Norwood, Robyn, *Mulheres que amam demais*, Siciliano.

Um livro que tenta explicar por que as mulheres podem ser envolvidas numa série de relações abusivas e insatisfatórias com homens. A autora localiza as raízes do problema nas experiências da mulher com sua própria família e discute como esse padrão pode ser modificado.

Orbach, Susie, *A gordura é uma questão feminista*, Record.

Este é um livro sobre comer compulsivamente e não sobre anorexia e bulimia, mas a autora aborda tanto os processos culturais que tornam as mulheres obsessivas com relação à magreza como os significados do mau uso da comida. Apesar de ter sido publicado em 1978, o livro superou o teste do tempo.

Orbach, Susie, *Fat is a Feminist Issue II* , Arrow Books.

Manual de auto-ajuda com informações e idéias úteis e dicas que auxiliam na formação de grupos de auto-ajuda.

Orbach, Susie, *Hunger Strike: The Anorexic's Struggle as a Metaphor for our Age*, Penguin.

A primeira parte do livro é um notável e sofisticado relato sobre o mundo interior da anoréxica. É uma fonte de extraordinário valor. A segunda parte discute que tipo de ajuda pode capacitar a anoréxica a aceitar suas necessidades e sentimentos e a crescer emocionalmente, tornando a doença não mais necessária. Não é uma leitura muito fácil, mas vale o esforço.

Skynner, Robin e John Cleese, *Families and How To Survive Them*, Mandarin.

Introdução excelente à importância de nossas famílias na determinação de nossas atitudes e valores. Fornece as ferramentas necessárias para o entendimento da própria família e sua dinâmica. Escrito em forma de diálogo, explica várias idéias-chave de maneira acessível.

Welbourne, Jill e Joan Purgold, *The Eating Sickness: Anorexia, Bulimia and the Myth of Suicide by Slimming*, Harvester Press.

Um livro sobre anorexia e bulimarexia particularmente valioso por mostrar a visão de mundo das anoréxicas. As autoras discutem amplamente a necessidade de colaboração e cooperação entre médico, família e anoréxica. Descrevem com detalhes os motivos que as levam a acreditar que o ganho de peso deve ser acompanhado pelo progresso terapêutico.

West, Richard, *Eating Disorders: Anorexia e Bulimia Nervosa*, Office of Health Economics.

Este panfleto apresenta um breve apanhado sobre anorexia e bulimia e reúne as mais recentes pesquisas sobre essas doenças, bem como as causas e os tratamentos disponíveis. Embora seja um tanto impessoal, inclui relatos de casos, constituindo excelente introdução ao tema.

Woolf, Naomi, *A beleza do mito*, Rocco.
Trabalho incisivo que considera a exigência cultural da magreza o modo mais recente de manter a mulher em seu lugar — e que realmente a mantém lá.

Índice remissivo

abuso sexual/assédio 58, 60
ajuda profissional 87-91, 94, 119-28
aspectos culturais 12, 20-1, 55, 71-84, 106, 117
aspectos emocionais 11, 31-2, 45, 53, 55, 61-9, 77, 81-4, 88-9, 92-3, 100-2, 107-8, 111, 114, 124, 125
aspectos sociais 32-3, 49, 53, 59-60, 65-7, 71-84, 106-8
auto-ajuda 87-117, 119
auto-estima, baixa 19, 38, 69, 80-1

calorias 19, 23, 39, 44, 55-6, 76, 95, 100, 121
causas da anorexia 18, 54-61, 66-9
causas da bulimia 37-8, 54-61, 66-9
comportamento arredio 19, 25, 32-3, 59, 62
comportamento delinqüente 67
comportamento obsessivo 19-20, 25-6, 31-2, 48-9, 53, 56-61, 93, 95, 124-5
compulsão 11, 32, 26, 37, 41-4, 125
conflitos familiares 59-64, 81-3, 115-6
constipação 35
controle 27-8, 35, 39, 44-7, 49
cuidados hospitalares 120-3
cultura ocidental 12, 20, 71

deficiência óssea 31, 35

depressão 28, 67, 90, 119
desenvolvimento, inibição do 30-1
desequilíbrio mineral 46
dietas e regimes 19-20, 21-2, 38, 46-7, 75-9, 94-102, 121

emaciação 17-8, 34
excesso alimentar 37-47, 68, 91, 98, 100-2, 108
exercício 26-7, 38
experiências traumáticas 58-61, 107-17, 119

fobias 20, 23, 91

história pessoal 12, 92-3, 106-17, 124-5

idéias feministas/teoria 81
imagem da mulher na indústria da moda 79
imagem da mulher na publicidade 72-5
insônia 19
interesse sexual 30-4, 49

lanugem 19, 35
laxantes, uso de 37-9, 45-6, 123

menstruação, ausência de 18, 30-1, 35
mudanças hormonais 30-1

osteoporose 31, 35

perda de cabelo 19, 35
perda de peso 17-9, 24, 26, 75, 78, 87-8, 108
períodos menstruais 20, 30-1
personalidade multiimpulsiva 48
personalidade viciosa 48
pressão sangüínea 19
promiscuidade sexual 67
propósito da anorexia/bulimia 12, 56, 104
psicoterapia 93, 124-6
puberdade, efeitos da 30-1

questões financeiras 28, 43-4, 48

recuperação/relacionamento terapêutico 12-3, 125-7
relacionamentos pessoais 49, 53, 59-60, 62-9, 82, 108, 115
roubos 44

sensação de frio 19, 28, 35
sentimentos, expressão de 61-9, 109-15, 124, 127
sentimentos de pânico 44
sono 27

taxas de mortalidade 21, 41
temperatura do corpo 19
tendência suicida 40
terapia cognitiva/recuperação 92-3, 105, 124- 5
terapia comportamental/recuperação 93, 124-5
terapia familiar 126-7
tratamento em casa 120, 123

vegetarianismo 19, 22
vômito, auto-induzido 11, 37-9, 42-3, 45-6, 56, 59, 68, 87, 91, 101, 108, 123

zinco, deficiência de 54

A autora

Julia Buckroyd é psicoterapeuta e conselheira. Passou vários anos trabalhando com pessoas que sofriam de anorexia e bulimia e atuou cinco anos como conselheira dos alunos da London Contemporary Dance School. Hoje, trabalha na Universidade de Hertfordshire, Inglaterra, e mantém uma clínica particular. É também conferencista e autora do livro *Eating Your Heart Out* (Devorando seu coração).

Impresso em off set

Rua Clark, 136 - Mooca
03167-070 – São Paulo - SP
Fones: (0XX) 6692-7344
6692-2226 / 6692-8749

com filmes fornecidos pelo editor

LEIA TAMBÉM

ANSIEDADE, FOBIAS E SÍNDROME DO PÂNICO
Elaine Sheehan

Milhares de pessoas sofrem de síndrome do pânico ou de alguma das 270 formas de fobias conhecidas. O livro aborda os diferentes tipos de ansiedade, fobias, suas causas e sintomas. Ensina meios práticos para ajudar a controlar o nível de ansiedade e orienta quanto à ajuda profissional quando necessária. REF. 20707.

DEPRESSÃO
Sue Breton

A depressão cobre uma vasta gama de emoções, desde o abatimento por um episódio do cotidiano até o forte impulso suicida. Este guia mostra os diferentes tipos de depressão e explica os sentimentos que os caracterizam, para ajudar os familiares e os profissionais a entender a pessoa em depressão. Ensina também como ajudar a si mesmo e a outros depressivos. REF. 20705.

ESTRESSE
Rochelle Simmons

Informações de caráter prático sobre este "mal do século" tão citado e pouco entendido. Descreve a natureza do estresse, técnicas de relaxamento e respiração, ensina a acalmar os sentidos e a gerenciar o estresse de forma positiva. REF. 20708.

LUTO
Ursula Markham

Todos nós, mais cedo ou mais tarde, vamos ter de lidar com a perda de alguma pessoa querida. Alguns enfrentarão o luto com sabedoria inata; outros, encontrarão dificuldades em retomar suas vidas. Este livro ajuda o leitor a entender os estágios do luto, principalmente nos casos mais difíceis como os das crianças enlutadas, a perda de um filho ou, ainda, os casos de suicídio. REF. 20712.

TIMIDEZ
Linne Crawford e Linda Taylor

A timidez excessiva interfere na vida profissional, social e emocional das pessoas. Este livro mostra como identificar o problema e como quebrar os padrões de comportamento autodestrutivos da timidez. Apresenta conselhos e técnicas simples e poderosas para enfrentar as mais diversas situações. REF. 20706.

TRAUMAS DE INFÂNCIA
Ursula Markham

Um trauma de infância pode ter sido causado pela ação deliberada de uma pessoa ou pode ter ocorrido acidentalmente. A autora mostra como identificar esse trauma e como lidar com ele por meio de exercícios e estudos de caso. O número de pessoas que sofreu alguma situação traumática na infância é imenso e a leitura deste livro poderá ajudá-las a superar e a melhorar sua qualidade de vida. REF. 20709.

VÍCIOS
Deirdre Boyd

Os vícios – álcool, drogas, sexo, jogo, alimentos e fanatismos – constituem um dos maiores problemas a enfrentar atualmente no mundo todo. Eles comprometem a vida de pessoas de idades e classes sociais variadas, tanto as adictas quanto seus familiares e companheiros. O guia mostra os últimos estudos sobre as origens dos vícios, suas similaridades e como lidar com cada um deles. REF. 20711.

LEIA TAMBÉM

DESCANSEM EM PAZ OS NOSSOS MORTOS DENTRO DE MIM
Sergio Perazzo

O papel do médico e suas inibições ao lidar com a morte, e o difícil enfrentamento do assunto nos dias de hoje são algumas das questões abordadas neste livro. O autor analisa o tema do ponto de vista do psicodrama, mas seu estilo elegante e poético faz com que sua leitura seja indicada para todos os que desejam repensar esse importante tema da vida. REF. 20509.

EMAGRECIMENTO NÃO É SÓ DIETA!
Terezinha Belmonte

Este livro nos convida a uma séria reflexão sobre a obesidade, suas causas, seus efeitos, apontando caminhos para soluções e, acima de tudo, desmistificando as propostas mágicas que envolvem as dietas em geral. REF. 20272.

Saiba mais sobre MACONHA E JOVENS
Um guia para leigos e interessados no assunto
Içami Tiba

O autor analisa a maconha, seus efeitos, e a maneira pela qual os jovens acabam se envolvendo com ela. Útil para pais, jovens e terapeutas. Escrito em linguagem coloquial, o livro estabelece também um paralelo entre as etapas do desenvolvimento escolar e os aspectos preventivos. 4ª edição revista e ampliada. REF. 20361.

SOBREVIVÊNCIA EMOCIONAL
As dores da infância revividas no drama adulto
Rosa Cukier

Série de artigos que enfoca um tema emergente e pouco analisado, o "borderline". A partir de uma experiência pessoal familiar, a autora desenvolveu um trabalho que abrange a "criança ferida", os processos narcisísticos e os dissociativos. A abordagem é psicodramática, mas se aplica a diversas formas de terapia. Útil e tocante, ele serve tanto ao profissional quanto às pessoas envolvidas com tais pacientes. REF. 20540.

VENCENDO O MEDO
Um livro para pessoas com distúrbios de ansiedade, pânico e fobias
Jerilyn Ross

Finalmente, um livro que trata de tema emergente e que atinge milhares de pessoas. A autora, psicóloga e ela própria ex-fóbica, descreve os diferentes tipos de distúrbios de forma simples e coloquial. Em seguida, fala sobre seu método de trabalho, com citações de casos. Recomendado para profissionais e pacientes. REF. 20504.

------------- dobre aqui -------------

ISR 40-2146/83
UP AC CENTRAL
DR/São Paulo

CARTA RESPOSTA
NÃO É NECESSÁRIO SELAR

O selo será pago por

SUMMUS EDITORIAL

05999-999 São Paulo-SP

------------- dobre aqui -------------

CADASTRO PARA MALA-DIRETA

Recorte ou reproduza esta ficha de cadastro, envie completamente preenchida por correio ou fax, e receba informações atualizadas sobre nossos livros.

Nome: _____ Empresa: _____
Endereço: ☐ Res. ☐ Coml. _____ Bairro: _____
CEP: _____ - _____ Cidade: _____ Estado: _____ Tel.: ( ) _____
Fax: ( ) _____ E-mail: _____ Data de nascimento: _____
Profissão: _____ Professor? ☐ Sim ☐ Não Disciplina: _____

1. Você compra livros:
☐ Livrarias   ☐ Feiras
☐ Telefone   ☐ Correios
☐ Internet   ☐ Outros. Especificar: _____

2. Onde você comprou este livro? _____

3. Você busca informações para adquirir livros:
☐ Jornais   ☐ Amigos
☐ Revistas   ☐ Internet
☐ Professores ☐ Outros. Especificar: _____

4. Áreas de interesse:
☐ Psicologia   ☐ Comportamento
☐ Crescimento Interior ☐ Saúde
☐ Astrologia   ☐ Vivências, Depoimentos

5. Nestas áreas, alguma sugestão para novos títulos? _____

6. Gostaria de receber o catálogo da editora? ☐ Sim ☐ Não

7. Gostaria de receber o Ágora Notícias? ☐ Sim ☐ Não

Indique um amigo que gostaria de receber a nossa mala-direta

Nome: _____ Empresa: _____
Endereço: ☐ Res. ☐ Coml. _____ Bairro: _____
CEP: _____ - _____ Cidade: _____ Estado: _____ Tel.: ( ) _____
Fax: ( ) _____ E-mail: _____ Data de nascimento: _____
Profissão: _____ Professor? ☐ Sim ☐ Não Disciplina: _____

Editora Ágora
Rua Itapicuru, 613 Conj. 82 05006-000 São Paulo - SP Brasil Tel (11) 3871 4569 Fax (11) 3862 3530 ramal 116
Internet: http://www.editoraagora.com.br   e-mail: agora@editoraagora.com.br